CINCO MINUTOS COM DEUS
e
Santa Teresinha

Cinco minutos com Deus e...

- *Abbé Pierre* – Alessandro Berello
- *Irmã Dulce* – Luzia M. de Oliveira Sena
- *João Paulo II* – Maurizio Scagliotti
- *Madre Teresa* – Roberta Belinzaghi
- *Raniero Cantalamessa* – Dario Gallon
- *Santa Teresinha* – Luzia M. de Oliveira Sena
- *Tiago Alberione* – Luzia M. de Oliveira Sena

CINCO MINUTOS COM DEUS
e Santa Teresinha

Luzia Sena (org.)

Paulinas

Dados Internacionais de Catalogação na Publicação (CIP)
(Câmara Brasileira do Livro, SP, Brasil)

Cinco minutos com Deus e Santa Teresinha / Luzia Sena (org.). – São Paulo : Paulinas, 2013. – (Coleção cinco minutos com Deus)

ISBN 978-85-356-3610-9

1. Experiência religiosa 2. Meditações 3. Teresa do Menino Jesus, Santa, 1873-1897 4. Vida espiritual I. Sena, Luzia. II. Série.

13-08039   CDD-248.4

Índice para catálogo sistemático:
1. Santas : Igreja Católica : Vida espiritual : Cristianismo   248.4

1ª edição – 2013
5ª reimpressão – 2024

Direção-geral: *Bernadete Boff*
Editora responsável: *Andréia Schweitzer*
Copidesque: *Monica Elaine G. S. da Costa*
Coordenação de revisão: *Marina Mendonça*
Revisão: *Ruth Mitzuie Kluska*
Gerente de produção: *Felício Calegaro Neto*
Projeto gráfico: *Manuel Rebelato Miramontes*

Nenhuma parte desta obra poderá ser reproduzida ou transmitida por qualquer forma e/ou quaisquer meios (eletrônico ou mecânico, incluindo fotocópia e gravação) ou arquivada em qualquer sistema ou banco de dados sem permissão escrita da Editora. Direitos reservados.

Cadastre-se e receba nossas informações
paulinas.com.br
Telemarketing e SAC: 0800-7010081

Paulinas
Rua Dona Inácia Uchoa, 62
04110-020 – São Paulo – SP (Brasil)
📞 (11) 2125-3500
✉ editora@paulinas.com.br
© Pia Sociedade Filhas de São Paulo – São Paulo, 2013

Apresentação

Santa Teresinha do Menino Jesus é uma das santas mais populares e queridas entre os católicos. Filha caçula entre nove irmãos, quatro dos quais morreram prematuramente, nasceu em Alençon (França), em 2 de janeiro de 1873. Seus pais Luís Martin e Zélia Guérin, profundamente virtuosos, educaram as cinco filhas na fé cristã, num ambiente familiar de muito carinho e afeto.

Em agosto de 1876, sua mãe é acometida de um câncer. Quando esta falece, no ano seguinte, seu pai muda-se com as filhas para Lisieux. A prematura morte da mãe, quando tinha apenas quatro anos, fez com que Teresa se apegasse a sua irmã Paulina, que ela elegeu para sua "segunda mãe". A entrada dessa irmã no Carmelo fez a jovem Teresa adoecer. Curada por intercessão da Virgem do Sorriso, a Imaculada Conceição, por quem seus pais tinham grande devoção, tomou a firme resolução de entrar para o Carmelo. Como era muito jovem para isso, precisou de uma autorização especial do Papa.

Em uma audiência com o Papa Leão XIII, em 20 de novembro de 1887, Teresa com filial audácia suplica ao Santo Padre que lhe conceda permissão para ingressar no Carmelo com apenas 15 anos de idade. Em junho do ano seguinte, realiza essa sua grande aspiração.

No Carmelo, descobriu que sua vocação era o Amor, "que o Amor é tudo, que ele abrange todos os tempos e todos os lugares. Numa palavra, que ele é eterno". Por isso, desejava ardentemente percorrer o mundo inteiro para implementar a Cruz de Cristo em todo lugar, queria ter sido missionária "desde a criação do mundo, até a consumação dos séculos", para fazer com que Jesus, o Amor da sua vida, fosse conhecido e amado por todas as pessoas do mundo.

A experiência do Deus Amor é o centro de toda a sua vida. O Espírito de Amor que a envolveu plenamente lhe ensinou a pequena via da infância espiritual, a pequena via para a santidade, o caminho da confiança e do total abandono em Deus, vivido na simplicidade do dia a dia, nos pequenos gestos escondidos e desinteressados, feitos unicamente no amor e por amor a Deus e aos irmãos. Nada há de extraordinário na vida dessa jovem carmelita. O que há de especial em Santa Teresinha é a simplicidade com que amou a Deus e as pessoas.

Em dezembro de 1894, Irmã Teresa recebe da Madre Inês de Jesus, sua irmã e priora do Carmelo, a ordem de escrever suas reminiscências de infância. Entre os anos 1895 a 1897, redige três manuscritos autobiográficos que, posteriormente, serão publicados após sua morte, com o título *História de uma alma*. Esse livro, traduzido em mais de cinquenta línguas, será responsável pela divulgação da vida e espiritualidade de Santa Teresinha no mundo inteiro.

Com apenas 24 anos, Teresinha do Menino Jesus morre de tuberculose, no Carmelo de Lisieux, oferecendo a sua vida pela salvação da humanidade e pela Igreja, deixando para o mundo um testemunho luminoso de santidade, simplicidade evangélica e total confiança na bondade e na misericórdia de Deus. Pouco antes de morrer, disse às religiosas que estavam à sua volta: "Farei cair uma chuva de rosas sobre o mundo!".

Que Santa Teresinha, através da leitura e meditação deste livro, nos ajude a perceber que a santidade não é para alguns privilegiados, mas para todos nós. A sua vida simples, escondida, confirma isso. Que a seu exemplo, possamos também nós viver em profundidade a experiência do Amor Misericordioso de Deus, de forma simples e descomplicada.

Luzia M. de Oliveira Sena, fsp

1

História de uma alma

Eis por que sempre vos recordarei essas coisas, embora as conheçais e estejais firmes na verdade que já vos foi apresentada. Sim, creio ser meu dever, enquanto habitar nesta tenda, despertar vossa memória. Estou certo de que em breve será desarmada esta minha tenda, conforme nosso Senhor Jesus Cristo me tem manifestado. Por isso, eu me empenharei para que, depois da minha partida, vos recordeis destas coisas.

(2 Carta de Pedro 1,12-15)

A vós, Madre querida, vós que sois duas vezes minha mãe, venho confiar a história de minha alma... No dia em que me mandastes fazê-lo, pareceu-me que isso dissiparia meu coração ao ocupá-lo com ele mesmo, mas depois Jesus me fez sentir que ao obedecer simplesmente eu lhe seria agradável. Aliás, não vou fazer senão uma única coisa: começar a cantar o que hei de repetir eternamente – "As misericórdias do Senhor!" (Sl 88,2).

Antes de tomar a pena, ajoelhei-me diante da estátua de Maria, supliquei-lhe para guiar a minha mão, a fim de que eu não escreva nenhuma linha que não lhe seja agradável.

2

O Senhor fez em mim maravilhas

A minha alma engrandece o Senhor, e meu espírito se alegra em Deus, meu Salvador, porque ele olhou para a humildade de sua serva. Todas as gerações, de agora em diante, me chamarão feliz, porque o Poderoso fez para mim coisas grandiosas.

O seu nome é santo, e sua misericórdia se estende de geração em geração sobre aqueles que o temem. Ele mostrou a força de seu braço: dispersou os que têm planos orgulhosos no coração. Derrubou os poderosos de seus tronos e exaltou os humildes.

(Evangelho de Lucas 1,46-52)

A flor que vai agora contar a sua história alegra-se em poder tornar públicas as amabilidades totalmente gratuitas de Jesus, reconhecer que nada havia nela capaz de atrair seu divino olhar e que foi só a sua misericórdia que fez tudo o que há de bem nela. Foi ele que a fez nascer numa terra sagrada e extremamente impregnada de um *perfume virginal*. Em seu amor, ele quis preservar sua florzinha do sopro malévolo do mundo, quando sua corola apenas começava a abrir-se e esse divino Salvador a transplantou para a montanha do Carmelo.

3

Agraciada

Bendito seja o Deus e Pai de nosso Senhor Jesus Cristo, que nos abençoou com toda bênção espiritual nos céus, em Cristo. Nele, Deus nos escolheu, antes da fundação do mundo, para sermos santos e íntegros diante dele, no amor. Conforme o desígnio benevolente de sua vontade, ele nos predestinou à adoção como filhos, por obra de Jesus Cristo, para o louvor de sua graça gloriosa, com que nos agraciou no seu bem-amado.

(Carta aos Efésios 1,3-6)

Parece-me que se uma florzinha pudesse falar, diria simplesmente o que Deus fez por ela sem tentar esconder os seus benefícios. Sob o pretexto de falsa humildade, não diria que ela é sem graça e sem perfume, que o sol lhe tirou o brilho e que as tempestades lhe quebraram a haste, ao passo que ela reconheceria nela mesma exatamente o contrário.

Toda a minha vida Deus agradou-se de cercar-me de amor. Minhas primeiras lembranças estão impregnadas de sorrisos e das mais afetuosas carícias. Mas, se colocou muito amor a minha volta, também o colocou em meu pequeno coração, fazendo-o amoroso e sensível.

4

Gratuidade do chamado

Jesus subiu à montanha e chamou os que ele quis; e foram a ele. Ele constituiu então doze, para que ficassem com ele e para que os enviasse a anunciar a Boa-Nova, com o poder de expulsar os demônios. Eram: Simão (a quem deu o nome de Pedro); Tiago, o filho de Zebedeu, e João, seu irmão (aos quais deu o nome de Boanerges, que quer dizer "filhos do trovão"); e ainda André, Filipe, Bartolomeu, Mateus, Tomé, Tiago filho de Alfeu, Tadeu, Simão, o cananeu, e Judas Iscariotes, aquele que o traiu.

(Evangelho de Marcos 3,13-19)

Abrindo o santo Evangelho, meus olhos depararam com estas palavras: "Tendo Jesus subido a uma montanha, chamou a si aqueles que ele quis, e eles vieram a ele" (cf. Mc 3,13). Eis aqui exatamente o mistério da minha vocação, da minha vida inteira e, sobretudo, o mistério dos privilégios de Jesus por minha alma. Ele não chamou aqueles que são dignos, mas aqueles de quem se agrada, ou como diz São Paulo: "Deus tem compaixão de quem ele quer e faz misericórdia com quem quer aplicar misericórdia. Isso, portanto, não depende da vontade ou dos esforços do ser humano, mas somente de Deus que usa de misericórdia" (cf. Rm 9,15-16)

5

Tome sua cruz e siga-me

Então Jesus disse aos discípulos: "Se alguém quer vir após mim, renuncie a si mesmo, tome sua cruz e siga-me. Pois quem quiser salvar sua vida a perderá; e quem perder sua vida por causa de mim a encontrará. De fato, que adianta a alguém ganhar o mundo inteiro, se perde a própria vida? Ou que poderá alguém dar em troca da própria vida? Pois o Filho do Homem virá na glória do seu Pai, com os seus anjos, e então retribuirá a cada um de acordo com a sua conduta".

(Evangelho de Mateus 16,24-27)

Compreendi que para tornar-me uma santa era preciso sofrer muito, buscar sempre o mais perfeito e esquecer-me de mim mesma. Compreendi que havia muitos graus de perfeição e que cada alma é livre para responder aos convites de Nosso Senhor, para fazer pouco ou muito por ele; numa palavra, para escolher entre os sacrifícios que ele pede. Então, como nos dias da minha primeira infância eu exclamei: "Meu Deus, escolho tudo. Não quero ser santa pela metade, não tenho medo de sofrer por vós, só temo uma coisa: guardar a minha vontade; tomai-a, pois 'Eu escolho tudo' o que quiserdes".

6

Sensibilidade

Dou continuamente graças a meu Deus, fazendo menção de ti em minhas orações, pois ouço falar do teu amor e da tua fé, fé no Senhor Jesus e amor para com todos os santos. Que a tua comunhão na fé seja eficaz, fazendo-te conhecer todo o bem que somos capazes de realizar para o Cristo. De fato, tive grande alegria e consolação por causa do teu amor fraterno, pois reconfortaste o coração dos santos.

(Carta a Filêmon 4-7)

Durante os passeios que fazia com papai, ele gostava de me encarregar de levar esmola aos pobres que encontrávamos. Certo dia, vimos um que se arrastava com dificuldade em suas muletas. Aproximei-me para dar-lhe uma moeda, mas, não se julgando bastante pobre para receber a esmola, ele me olhou com um sorriso triste e se recusou a pegar o que eu lhe oferecia. Não posso descrever o que se passou no meu coração. Queria consolá-lo e confortá-lo, em vez disso eu pensava ter-lhe causado pesar. Certamente, o pobre doente adivinhou meu pensamento, porque o vi virar-se para trás e sorrir para mim.

7

Amor misericordioso

Sou agradecido àquele que me deu forças, Cristo Jesus, nosso Senhor, pela confiança que teve em mim, colocando-me a seu serviço, a mim que, antes, blasfemava, perseguia e agia com violência. Mas alcancei misericórdia, porque agia por ignorância, não tendo ainda a fé. A graça de nosso Senhor manifestou-se copiosamente, junto com a fé e com o amor que estão em Cristo Jesus.

É digna de fé e de ser acolhida por todos esta palavra: Cristo Jesus veio ao mundo para salvar os pecadores, dos quais eu sou o primeiro.

(1 Carta a Timóteo 1,12-15)

Durante muito tempo me perguntei por que Deus tinha preferências, por que todas as almas não recebiam igual medida de graças. Admirava-me de vê-lo prodigalizar favores extraordinários a santos que o tinham ofendido, como São Paulo, Santo Agostinho, e aos quais forçava, por assim dizer, a receberem suas graças... Dignou-se Jesus esclarecer-me a respeito desse mistério. Pôs-me diante dos olhos o livro da natureza, e compreendi que todas as flores por ele criadas são formosas, que o esplendor da rosa e a brancura do lírio não eliminam o perfume da pequena violeta, nem a encantadora simplicidade da margarida do campo... Compreendi que se todas as flores quisessem ser rosas, a natureza perderia sua beleza primaveril, os campos não seriam mais salpicados de florzinhas.

8

Um só corpo em Cristo

Pela graça que me foi dada, recomendo a cada um de vós: ninguém faça de si uma ideia muito elevada, mas tenha de si uma justa estima, de acordo com o bom senso e conforme a medida da fé que Deus deu a cada um. Como, num só corpo, temos muitos membros, cada qual com uma função diferente, assim nós, embora muitos, somos em Cristo um só corpo e, cada um de nós, membros uns dos outros. Temos dons diferentes, segundo a graça que nos foi dada.

(Carta aos Romanos 12,3-6)

Assim é o mundo das almas que é o jardim de Jesus: ele quis criar os grandes santos que podem ser comparados aos lírios e às rosas, mas criou também os menores, e estes devem contentar-se em serem margaridas do campo ou violetas, destinadas a alegrar os olhares de Deus quando os abaixa aos pés. A perfeição consiste em fazer sua vontade, em ser o que ele quer.

Compreendi também que o amor de Nosso Senhor se revela tanto na alma mais simples que em nada resiste à sua graça como na mais sublime das almas. Assim como o sol ilumina ao mesmo tempo cedros e cada pequena flor, como se ela fosse a única na terra, assim também Nosso Senhor se ocupa em particular de cada alma, como se não houvesse outra igual.

9

Plenamente realizados

Mas quando se manifestou a bondade de Deus, nosso Salvador, e o seu amor pela humanidade, ele nos salvou, não por causa dos atos de justiça que tivéssemos praticado, mas por sua misericórdia, mediante o banho da regeneração e renovação do Espírito Santo. Este Espírito, ele o derramou copiosamente sobre nós por Jesus Cristo, nosso Salvador, para que, justificados pela sua graça, nos tornemos, na esperança, herdeiros da vida eterna.

(Carta a Tito 3,4-7)

Uma vez, estranhei que Deus não desse glória igual no Céu a todos os eleitos, e receava que nem todos estivessem felizes. Então [minha irmã] Paulina me disse para ir buscar o copo grande do papai e colocá-lo ao lado do meu pequeno dedal, e depois me pediu para enchê-los de água. Em seguida, ela perguntou-me qual deles estava mais cheio. Eu lhe disse que ambos estavam e que era impossível por mais água do que podiam conter. [Paulina] fez-me então compreender que no Céu Deus dá aos seus eleitos tanta glória quanta eles podem conter e que assim o último não teria nada a invejar do primeiro.

10

O gosto pela leitura

Revelação de Jesus Cristo, que Deus lhe confiou para que mostrasse aos seus servos as coisas que devem acontecer em breve. Jesus a comunicou, através do seu anjo, ao seu servo João. Este dá testemunho de que tudo quanto viu é palavra de Deus e testemunho de Jesus Cristo. Feliz aquele que lê e aqueles que escutam as palavras da profecia e põem em prática o que nela está escrito.

(Apocalipse 1,1-3a)

Gostava muito de leituras e teria passado nisso a minha vida. Felizmente, tinha para guiar-me anjos da terra que me escolhiam livros que, ao mesmo tempo que me divertiam, alimentavam o meu coração e meu espírito. Também só podia dedicar um tempo limitado à leitura, o que era questão de grande sacrifício para mim, pois, muitas vezes, tinha que interromper a leitura no meio da passagem mais empolgante. Essa atração pela leitura durou até minha entrada no Carmelo. Não sei dizer quantos livros passaram pelas minhas mãos, mas nunca Deus permitiu que eu lesse um só deles capaz de me prejudicar.

11

Chamado à santidade

O Senhor vos faça crescer abundantemente no amor de uns para com os outros e para com todos, à semelhança de nosso amor para convosco. Que ele confirme os vossos corações numa santidade irrepreensível, diante de Deus, nosso Pai, por ocasião da vinda do nosso Senhor Jesus, com todos os seus santos.

Enfim, irmãos, nós vos pedimos e exortamos, no Senhor Jesus, que progridais sempre mais no modo de proceder para agradar a Deus. Vós o aprendestes de nós, e já o praticais. Oxalá continueis progredindo cada vez mais. Sabeis quais são as normas que vos temos dado da parte do Senhor Jesus. A vontade de Deus é que sejais santos.

(1 Carta aos Tessalonicenses 3,12-13; 4,1-3a)

Lendo os relatos das ações patrióticas de heroínas francesas, particularmente as da venerável [Santa] Joana D'Arc, sentia um grande desejo de imitá-las. Parecia sentir dentro de mim o mesmo ardor que as animava, a mesma inspiração Celeste. Recebi, então, uma graça que sempre considerei como uma das maiores de minha vida, pois naquela idade não recebia luzes como agora, quando estou inundada delas. Pensei que tinha nascido para a glória, e buscando o meio de alcançá-la Deus inspirou-me os sentimentos que acabo de escrever. Deus fez-me compreender que minha *glória* não apareceria aos olhos dos mortais, ela consistiria em tornar-me uma grande Santa!

12

Sereis santos porque eu sou Santo

Por isso, aprontai a vossa mente, sede sóbrios e colocai toda a vossa esperança na graça que vos será oferecida no dia da revelação de Jesus Cristo. Como filhos obedientes, não moldeis a vossa vida de acordo com as paixões de antigamente, do tempo de vossa ignorância. Antes, como é santo aquele que vos chamou, tornai-vos santos, também vós, em todo o vosso proceder. Pois está escrito: "Sereis santos porque eu sou Santo". Tende consciência de que fostes resgatados da vida fútil herdada de vossos pais, não por coisas perecíveis, como a prata ou o ouro, mas pelo precioso sangue de Cristo, cordeiro sem defeito e sem mancha. Conhecido de antemão antes da criação do mundo, ele foi, neste final dos tempos, manifestado em favor de vós.

(1 Carta de Pedro 1,13-16.18-20)

Esse desejo [de tornar-me santa] poderia parecer temerário se fosse considerado quanto eu era fraca e imperfeita, e quanto sou ainda agora após sete anos passados em religião [no Carmelo]. No entanto, sinto sempre a mesma confiança audaciosa de tornar-me uma grande Santa, pois não conto com meus méritos, não tendo nenhum, mas espero naquele que é a Virtude, a própria Santidade. Só ele é que, contentando-se com meus fracos esforços, me elevará até ele e, cobrindo-me com seus méritos infinitos, me fará Santa.

13

A glória deste mundo passa

Por ele [Jesus Cristo], tendes fé no Deus que o ressuscitou dos mortos e lhe deu a glória, e, assim, vossa fé e vossa esperança estão em Deus.

Pela obediência à verdade, vos purificastes, para praticar um amor fraterno sem fingimento. Amai-vos, pois, uns aos outros, de coração e com ardor. Nascestes de novo, não de uma semente corruptível, mas incorruptível, mediante a palavra de Deus, viva e permanente. Pois "toda carne é como erva, e toda a sua glória como a flor da erva; secou a erva, caiu-lhe a flor, mas a palavra do Senhor permanece para sempre". Ora, esta é a palavra que vos foi anunciada como Boa-Nova.

(1 Carta de Pedro 1,21-25)

Deus concedeu-me a graça de conhecer o mundo apenas o suficiente para desprezá-lo e me afastar dele. Poderia dizer que foi durante a minha estada em Alençon que fiz a minha primeira entrada no mundo. Tudo era alegria, felicidade em minha volta, eu era festejada, mimada, admirada; numa palavra, minha vida durante quinze dias só foi coberta de flores... Confesso que essa vida tinha encantos para mim. O livro da Sabedoria tem muita razão ao dizer: "Que a fascinação das frivolidades do mundo seduz até o espírito mais afastado do mal" (Sb 4,12)

14

Só o amor permanece

Pois a graça salvadora de Deus manifestou-se a toda a humanidade. Ela nos ensina a renunciar à impiedade e às paixões mundanas e a viver neste mundo com ponderação, justiça e piedade, aguardando a ditosa esperança e a manifestação da glória do nosso grande Deus e Salvador, Cristo Jesus. Ele se entregou por nós, para nos resgatar de toda iniquidade e purificar para si um povo que lhe pertença e que seja zeloso em praticar o bem.

(Carta a Tito 2,11-14)

Aos dez anos o coração se deixa facilmente fascinar, por isso vejo como uma grande graça não ter ficado em Alençon. Os amigos que tínhamos aí eram mundanos demais, sabiam demais aliar as alegrias da terra com o serviço de Deus. Não pensavam bastante na morte e, no entanto, a morte veio visitar um grande número de pessoas que conheci, jovens, ricas e felizes!!!... Gosto de voltar meu pensamento aos lugares encantados onde elas viveram, perguntar-me onde estão, o que lhes resta dos castelos e dos parques onde as vi gozar das comodidades da vida... E vejo que tudo é vaidade e aflição de espírito debaixo do sol... Que o único bem consiste em amar a Deus de todo o coração e ser pobre de espírito aqui na terra.

15

O Pão da vida

Jesus respondeu: "Em verdade, em verdade, vos digo: não foi Moisés quem vos deu o pão do céu. É meu Pai quem vos dá o verdadeiro pão do céu. Pois o pão de Deus é aquele que desce do céu e dá vida ao mundo". Eles então pediram: "Senhor, dá-nos sempre desse pão!" Jesus lhes disse: "Eu sou o pão da vida. Quem vem a mim não terá mais fome, e quem crê em mim nunca mais terá sede". [...]

"Ninguém jamais viu o Pai, a não ser aquele que vem de junto de Deus: este viu o Pai. Em verdade, em verdade, vos digo: quem crê, tem a vida eterna. Eu sou o pão da vida. Os vossos pais comeram o maná no deserto e, no entanto, morreram. Aqui está o pão que desce do céu, para que não morra quem dele comer."

(Evangelho de João 6,32-35.46-50)

Jesus quis, talvez, mostrar-me o mundo antes da minha primeira visita que ele devia me fazer a fim de que eu, com mais liberdade, escolhesse o caminho que devia prometer-lhe seguir. A época da minha primeira comunhão ficou gravada no meu coração como uma lembrança sem penumbras. Parece-me que não podia estar mais bem disposta do que estive... Jesus queria fazer-me saborear uma alegria tão perfeita quanto é possível neste vale de lágrimas.

16

Pensar em Deus

Naquela ocasião, Jesus pronunciou estas palavras: "Eu te louvo, Pai, Senhor do céu e da terra, porque escondeste estas coisas aos sábios e entendidos e as revelaste aos pequeninos. Sim, Pai, assim foi do teu agrado. Tudo me foi entregue por meu Pai, e ninguém conhece o Filho, senão o Pai, e ninguém conhece o Pai, senão o Filho e aquele a quem o Filho o quiser revelar".

(Evangelho de Mateus 11,25-27)

Um dia, uma de minhas mestras da Abadia perguntou-me o que eu fazia nos feriados, quando estava sozinha. Respondi-lhe que me escondia atrás de minha cama, num espaço vazio que havia e que facilmente podia fechar com a cortina, e aí "eu pensava"! "Mas em que pensais?", me perguntou ela. "Penso em Deus, na vida... na eternidade, enfim, eu penso!..." A boa religiosa riu muito de mim; mais tarde ela gostava de lembrar-me do tempo em que eu pensava, perguntando se eu continuava a pensar... Compreendo agora que fazia oração sem o saber e que já naquele tempo Deus me instruía em segredo.

17

Primeira Eucaristia

Quando chegou a hora, Jesus pôs-se à mesa com os apóstolos e disse: "Ardentemente desejei comer convosco esta ceia pascal, antes de padecer. Pois eu vos digo que não mais a comerei, até que ela se realize no Reino de Deus". Então pegou o cálice, deu graças e disse: "Recebei este cálice e fazei passar entre vós; pois eu vos digo que, de agora em diante, não mais beberei do fruto da videira, até que venha o Reino de Deus". A seguir, tomou o pão, deu graças, partiu-o e lhes deu, dizendo: "Isto é o meu corpo, que é dado por vós. Fazei isto em memória de mim". Depois da ceia, fez o mesmo com o cálice, dizendo: "Este cálice é a nova aliança no meu sangue, que é derramado por vós".

(Evangelho de Lucas 22,14-20)

O mais belo de todos os dias chegou afinal [o dia da Primeira Eucaristia, 8 de maio de 1884]. Que inefáveis lembranças deixaram em minha alma os mínimos detalhes desse dia do Céu!... O alegre despertar da aurora, os beijos respeitosos e ternos das mestras e das colegas maiores... Sobretudo, a entrada na capela e o canto matinal... Não quero entrar nos detalhes, há coisas que perdem o seu perfume quando são expostas ao ar. Há pensamentos da alma que não se podem traduzir em linguagem da terra sem perder o seu sentido íntimo e celestial.

18

União de amor

"Naquele dia sabereis que eu estou no meu Pai, e vós em mim, e eu em vós. Quem acolhe e observa os meus mandamentos, esse me ama. Ora, quem me ama será amado por meu Pai, e eu o amarei e me manifestarei a ele.

Se alguém me ama, guardará a minha palavra; meu Pai o amará, e nós viremos e faremos nele a nossa morada. Eu vos tenho dito estas coisas enquanto estou convosco. Mas o Defensor, o Espírito Santo que o Pai enviará em meu nome, ele vos ensinará tudo e vos recordará tudo o que eu vos tenho dito."

(Evangelho de João 14,20-21.23.25-26)

Ah! Como foi doce o primeiro beijo de Jesus à minha alma!...

Foi um beijo de amor, eu me sentia amada, e dizia também: "Eu vos amo, entrego-me a vós para sempre". Não houve pedidos, lutas, nem sacrifícios. Fazia tempo que Jesus e a pobre Teresinha se tinham olhado e compreendido... Nesse dia, porém, já não era mais um olhar, mas uma fusão, não eram mais dois, Teresa desaparecera como a gota de água que se perde no meio do oceano. Só ficava Jesus, ele era o Senhor, o Rei.

19

Alegria plena

"Se permanecerdes em mim, e minhas palavras permanecerem em vós, pedi o que quiserdes, e vos será dado. Nisto meu Pai é glorificado: que deis muito fruto e vos torneis meus discípulos.

Como meu Pai me ama, assim também eu vos amo. Permanecei no meu amor. Se observardes os meus mandamentos, permanecereis no meu amor, assim como eu observei o que mandou meu Pai e permaneço no seu amor. Eu vos disse isso, para que a minha alegria esteja em vós, e a vossa alegria seja completa."

(Evangelho de João 15,7-11)

Teresa não lhe pedira para tirar-lhe a liberdade, pois sua liberdade a amedrontava. Ela se sentia tão frágil, tão fraca que queria unir-se para sempre com a Força Divina!... Sua alegria era grande demais, profunda demais para que pudesse contê-la. Lágrimas deliciosas logo a inundaram para espanto de suas companheiras, que mais tarde diziam umas às outras: "Por que será que ela chorou? Alguma coisa a incomodava?... Não será, antes, por não ver junto a si a sua própria mãe ou a sua irmã, que é carmelita, a quem tanto ama?". Elas não compreendiam que, quando toda a alegria do Céu vem a um coração, esse coração exilado não pode suportá-la sem derramar lágrimas.

20

Eu venci o mundo

"Em verdade, em verdade, vos digo: chorareis e lamentareis, mas o mundo se alegrará. Ficareis tristes, mas a vossa tristeza se transformará em alegria. A mulher, quando vai dar à luz, fica angustiada, porque chegou a sua hora. Mas depois que a criança nasceu, já não se lembra mais das dores, na alegria de um ser humano ter vindo ao mundo. Também vós agora sentis tristeza. Mas eu vos verei novamente, e o vosso coração se alegrará, e ninguém poderá tirar a vossa alegria.

Eu vos disse estas coisas para que, em mim, tenhais a paz. No mundo tereis aflições. Mas tende coragem! Eu venci o mundo."

(Evangelho de João 16,20-22.33)

No dia seguinte ao de minha [Primeira] Comunhão, senti nascer em meu coração um grande desejo de sofrimento e, ao mesmo tempo, a íntima certeza de que Jesus me reservava um grande número de cruzes. Senti-me inundada de tão grandes consolações que as considero como uma das maiores graças de minha vida. O sofrimento tornou-se meu atrativo, tinha encantos que me fascinavam embora não os conhecesse direito. Até então eu sofrera sem amar o sofrimento; a partir daquele dia senti por ele um verdadeiro amor. Sentia também o desejo de só amar a Deus, de encontrar alegria somente nele.

21

A vinda do Espírito Santo

Quando chegou o dia de Pentecostes, os discípulos estavam todos reunidos no mesmo lugar. De repente, veio do céu um ruído como de um vento forte, que encheu toda a casa em que encontravam. Então apareceram línguas como de fogo que se repartiram e pousaram sobre cada um deles. Todos ficaram cheios do Espírito Santo e começaram a falar em outras línguas, conforme o Espírito lhes concedia expressar-se.

(Atos dos Apóstolos 2,1-4)

Pouco tempo depois de minha Primeira Comunhão, entrei de novo em retiro para a minha Crisma. Tinha-me preparado com bastante empenho para receber a visita do Espírito Santo. Não compreendia a pouca importância dada à recepção desse sacramento do Amor. Ah! Como minha alma estava alegre! Como os apóstolos, eu aguardava com alegria a visita do Espírito Santo... Regozijava-me com o pensamento de ser em breve perfeita cristã e, sobretudo, com o de ter eternamente na fronte a cruz misteriosa que o bispo marca, quando faz a imposição do sacramento. Enfim, o feliz momento chegou. Não senti nenhum vento impetuoso na descida do Espírito Santo, mas a leve brisa, cujo murmúrio o profeta Elias ouviu no monte Horeb (1Rs 19,11-12).

22

Desafios do cotidiano

Irmãos, no caso de alguém ser surpreendido numa falta, vós que sois espirituais, corrigi-o, em espírito de mansidão (mas não descuides de ti mesmo, para não seres surpreendido, tu também, pela tentação). Carregai os fardos uns dos outros; assim cumprireis a lei de Cristo. Pois, se alguém julga ser uma pessoa importante, quando na verdade não é nada, está se iludindo a si mesmo. Cada um examine suas próprias ações; então, poderá ter de que se gloriar, mas somente por referência a si mesmo e não se comparando com outrem. Pois cada qual tem de carregar seu próprio fardo.

(Carta aos Gálatas 6,1-5)

Após essas deliciosas e inesquecíveis festas – minha Primeira Comunhão e Crisma –, minha vida voltou à rotina, quer dizer que tive de retomar a vida colegial de interna, que tanto me custava. Quando fiz minha Primeira Comunhão, eu amava a convivência com crianças de minha idade, todas cheias de boa vontade, que tinham tomado, como eu, a resolução de praticar seriamente a virtude. Mas era preciso retomar o contato com alunas bem diferentes, desatentas, que não queriam observar a regra, e isso me entristecia.

23

Manifestação de amor

Muito me alegrei no Senhor, porque, afinal, refloresceu vossa solicitude por mim. Na verdade, tínheis essa solicitude, mas não tínheis ocasião de manifestá-la.

Agora, tenho tudo em abundância. Tenho até demais... As vossas ofertas são como um suave perfume, um sacrifício aceito e agradável a Deus. O meu Deus proverá magnificamente, segundo a sua riqueza, no Cristo Jesus, a todas as vossas necessidades. Ao nosso Deus e Pai, a glória pelos séculos dos séculos.

(Carta aos Filipenses 4,10.18-20)

Dou aqui um exemplo que traduzirá o meu modo de pensar. Suponho que o filho de um hábil doutor encontre em seu caminho uma pedra que o faça cair e que na queda ele fratura um membro. Imediatamente o pai vem a ele, levanta-o com amor, cuida de seus ferimentos, empregando para isso todos os recursos de sua arte. E o filho, completamente curado, logo lhe testemunha sua gratidão. Sem dúvida, esse filho tem toda razão de amar seu pai!

24

Prova de amor

A esperança não decepciona, porque o amor de Deus foi derramado em nossos corações pelo Espírito Santo que nos foi dado. Com efeito, quando éramos ainda fracos, foi então, no devido tempo, que Cristo morreu pelos ímpios. Dificilmente alguém morrerá por um justo; por uma pessoa muito boa, talvez alguém se anime a morrer. Pois bem, a prova de que Deus nos ama é que Cristo morreu por nós, quando éramos ainda pecadores. Muito mais agora que já estamos justificados pelo sangue de Cristo, seremos salvos da ira, por ele.

(Carta aos Romanos 5,5-9)

Vou fazer outra suposição. Sabendo o pai que no caminho do seu filho há uma pedra, apressa-se em ir à frente dele e retira a pedra, sem que ninguém o veja. Certamente, esse filho, objeto de sua previdente ternura, não tendo conhecimento da desgraça da qual foi preservado por seu pai, não lhe mostrará gratidão e demonstrará *menos* amor do que se tivesse sido curado por ele... Mas, se vier a saber do perigo do qual escapou, não o *amará ainda mais*? Pois bem, eu sou essa criança, objeto do amor previdente de um Pai que enviou o seu Verbo para resgatar não os justos, mas os pecadores (Mt 9,13). Não esperou que eu o amasse muito, mas quis que eu soubesse como ele tinha me amado com amor de inefável previdência, a fim de que agora eu o ame loucamente.

25

Vida eterna

"Não se perturbe o vosso coração! Credes em Deus, crede também em mim. Na casa de meu Pai há muitas moradas. Não fosse assim, eu vos teria dito. Vou preparar um lugar para vós. E depois que eu tiver ido e preparado um lugar para vós, voltarei e vos levarei comigo, a fim de que, onde eu estiver, estejais vós também."

(Evangelho de João 14,1-3)

Às vezes me sentia só, muito só, como nos dias de minha vida de interna, quando passeava triste e doente no grande pátio, e repetia essas palavras que sempre faziam renascer a paz e a força no meu coração: "A vida é teu navio e não a tua morada!". Quando era pequenina, estas palavras me davam coragem. Ainda agora, apesar dos anos que fazem desaparecer tantas impressões de piedade infantil, a imagem do navio encanta ainda minha alma e a ajuda a suportar o exílio. A Sabedoria também não diz que "A vida é como um navio que singra as ondas agitadas e não deixa atrás dele nenhum vestígio de sua rápida passagem" (Sb 5,10)? Quando penso nessas coisas, minha alma mergulha no infinito, parece-me já tocando nas margens da eternidade... Tenho o sentimento de estar recebendo os abraços de Jesus... Creio ver minha Mãe do Céu vindo ao meu encontro com papai... mamãe... Creio gozar enfim para sempre da verdadeira, da eterna vida em família.

26

Basta-te a minha graça

E para que a grandeza das revelações não me enchesse de orgulho, foi-me dado um espinho na carne, um anjo de Satanás, para me esbofetear, a fim de que eu não me torne orgulhoso. A esse respeito, roguei três vezes ao Senhor que ficasse longe de mim. Mas o Senhor disse me: "Basta-te a minha graça; pois é na fraqueza que a força se realiza plenamente". Por isso, de bom grado, me gloriarei das minhas fraquezas, para que a força de Cristo habite em mim; e me comprazo nas fraquezas, nos insultos, nas dificuldades, nas perseguições e nas angústias por causa de Cristo. Pois, quando sou fraco, então sou forte.

(2 Carta aos Coríntios 12,7-10)

Eu era verdadeiramente insuportável por causa da minha sensibilidade excessiva. Por essa razão, se me acontecia causar involuntariamente uma pequena mágoa a uma pessoa que eu amava, em vez de controlar e não chorar, o que aumentava o meu erro, em vez de atenuá-lo, chorava como uma Madalena, e quando começava a consolar-me pela coisa que me levara a chorar, chorava mais ainda... Todos os raciocínios eram inúteis e eu não conseguia corrigir-me desse desagradável defeito. Não sei como acalentava o doce pensamento de entrar no Carmelo, estando ainda na *fase da infância*.

27

Adultos em Cristo

Assim, ele capacitou os santos para a obra do ministério, para a edificação do Corpo de Cristo, até chegarmos, todos juntos, à unidade na fé e no conhecimento do Filho de Deus, ao estado de adultos, à estatura do Cristo em sua plenitude. Então, não seremos mais como crianças, entregues ao sabor das ondas e levados por todo vento de doutrina, ludibriados pelos homens e por eles, com astúcia, induzidos ao erro. Ao contrário, vivendo segundo a verdade, no amor, cresceremos sob todos os aspectos em relação a Cristo, que é a cabeça.

(Carta aos Efésios 4,12-15)

Foi preciso que Deus fizesse um pequeno milagre para me fazer crescer de uma vez, e tal milagre se realizou no inesquecível dia de Natal. Nessa noite luminosa, que projeta num clarão as delícias da Trindade Santíssima, Jesus, o doce pequeno Menino nascido há uma hora, mudou a noite de minha alma em torrentes de luz. Nessa noite, em que se fez fraco e sofrido por meu amor, tornou-me forte e corajosa... E desde aquela abençoada noite, não fui vencida em nenhum combate, mas pelo contrário avançava de vitórias em vitórias, e comecei, por assim dizer, "uma corrida de gigantes!...". A fonte de minhas lágrimas secou, e só voltou a jorrar pouquíssimas vezes e com dificuldade, o que justificou essas palavras que me foram ditas: "Choras tanto na tua infância que mais tarde não terás mais lágrimas para derramar".

28

Cheia de graça

É pela graça de Deus que sou o que sou. E a graça que ele reservou para mim não foi estéril; a prova é que tenho trabalhado mais que todos eles, não propriamente eu, mas a graça de Deus comigo.

(1 Carta aos Coríntios 15,10)

Em 25 de dezembro de 1886, recebi a graça de sair da infância, numa palavra, a graça de minha conversão completa.

A partir dessa noite de luz, começou o terceiro período da minha vida, o mais bonito de todos, o mais cheio das graças do Céu... Num instante, a obra que eu não pude cumprir em 10 anos, Jesus a fez contentando-se com a boa vontade que nunca me faltou. Como seus apóstolos, eu podia dizer-lhe: "Mestre, trabalhamos a noite inteira e não pegamos nada" (Lc 5,5). Ainda mais misericordioso comigo do que fora com seus discípulos, o próprio Jesus pegou a rede, lançou-a e retirou-a cheia de peixes. Fez de mim pescadora de almas. Senti um desejo imenso de trabalhar pela conversão dos pecadores, desejo que nunca sentira antes de maneira tão acentuada. Senti, numa palavra, a caridade entrar no meu coração, a necessidade de esquecer-me de mim mesma para dar prazer, e desde então fiquei feliz.

29

Tenho sede

Depois disso, sabendo Jesus que tudo estava consumado, e para que se cumprisse a Escritura até o fim, disse: "Tenho sede!" Havia ali uma jarra cheia de vinagre. Amarraram num ramo de hissopo uma esponja embebida de vinagre e a levaram à sua boca. Ele tomou o vinagre e disse: "Está consumado". E, inclinando a cabeça, entregou o espírito.

(Evangelho de João 19,28-30)

Num domingo, ao olhar uma fotografia de Nosso Senhor na cruz, fiquei impressionada com o sangue que escorria de uma das suas mãos divinas. Senti grande aflição ao pensar que esse sangue caía por terra sem que ninguém se apressasse a recolhê-lo. Então resolvi ficar, em espírito, ao pé da cruz para receber o divino orvalho que se desprendia, compreendendo que seria preciso, em seguida, espalhá-lo sobre as pessoas... O grito de Jesus na cruz ressoava também continuamente no meu coração: "Tenho sede!" (Jo 19,28). Essas palavras acendiam em mim um ardor desconhecido e muito vivo. Queria dar de beber a meu Bem-Amado e sentia-me devorada pela sede das almas... as dos grandes pecadores.

30

Lanço-me para a frente

Não que eu já tenha recebido tudo isso, ou já me tenha tornado perfeito. Mas continuo correndo para alcançá-lo, visto que eu mesmo fui alcançado pelo Cristo Jesus. Irmãos, eu não julgo já tê-lo alcançado. Uma coisa, porém, faço: esquecendo o que fica para trás, lanço-me para o que está à frente. Lanço-me em direção à meta, para conquistar o prêmio que, do alto, Deus me chama a receber, no Cristo Jesus.

(Carta aos Filipenses 3,12-14)

Em pouco tempo, Deus conseguiu fazer-me sair do círculo estreito em que eu girava sem saber como sair dele. Grande é minha gratidão, quando vejo o caminho que ele me fez percorrer, mas é preciso que eu reconheça: se o passo maior fora dado, restavam-me ainda muitas coisas que eu deveria renunciar. Livre de seus escrúpulos, de sua sensibilidade excessiva, meu espírito desenvolveu-se. Sempre gostara do grandioso, do belo, mas nessa época fui tomada por um desejo extremo de saber. Não me contentando com as lições e os deveres que minha mestra me dava, dedicava-me sozinha a estudos especiais de história e de ciência. Os outros estudos me deixavam indiferente, mas estas duas áreas atraíam a minha atenção. Dessa forma, em poucos meses, adquiri mais conhecimento do que durante meus anos de estudos.

31

Núpcias

A multidão aclamava: "Aleluia! O Senhor, nosso Deus, o Todo-Poderoso passou a reinar. Fiquemos alegres e contentes, e demos glória a Deus, porque chegou o tempo das núpcias do Cordeiro. Sua esposa já se preparou. Foi lhe dado vestir-se com linho brilhante e puro" (O linho significa as obras justas dos santos.). E o anjo me disse: "Escreve: Felizes os convidados para o banquete das núpcias do Cordeiro". Disse ainda: "Estas são as verdadeiras palavras de Deus".

(Apocalipse 19,6b-9)

Deus fez por mim o que Ezequiel relata em suas profecias. Passando perto de mim, Jesus viu que me havia chegado o tempo de ser amada. Ele fez aliança comigo e tornei-me sua... Estendeu sobre mim o seu manto, lavou-me com perfumes preciosos, vestiu-me de roupas bordadas, dando-me colares e joias de grande valor. Alimentou-me com a mais pura farinha, com mel e azeite em abundância... então, tornei-me bela aos seus olhos e fez de mim uma poderosa rainha!... (cf. Is 16,8-13).

32

Surpresas de Deus

Falamos da misteriosa sabedoria de Deus, a sabedoria escondida que, desde a eternidade, Deus destinou para nossa glória. Nenhum dos poderosos deste mundo a conheceu. Pois, se a tivessem conhecido, não teriam crucificado o Senhor da glória. Mas, como está escrito, "o que Deus preparou para os que o amam é algo que os olhos jamais viram, nem os ouvidos ouviram, nem coração algum jamais pressentiu".

(1 Carta aos Coríntios 2,7-9)

Todas as grandes verdades da religião, os mistérios da eternidade, mergulhavam minha alma numa felicidade que não era desta terra... Já pressentia – não com os olhos humanos, mas os do coração – o que Deus reserva para aqueles que o amam (cf. 1Cor 2,9). E vendo que as eternas recompensas não tinham nenhuma proporção com os leves sacrifícios da vida (cf. 2Cor 4,17), quis amar, amar Jesus com paixão, dar-lhe mil provas de amor enquanto ainda podia... Copiei vários trechos sobre o amor perfeito e sobre a acolhida que Deus deve fazer aos seus eleitos no momento em que ele mesmo se tornará sua grande recompensa. Repetia sem parar as palavras de amor que tinham abrasado meu coração.

33

Revelaste aos pequeninos

Os setenta e dois voltaram alegres, dizendo: "Senhor, até os demônios nos obedecem por causa do teu nome". Naquela mesma hora, Jesus exultou no Espírito Santo e disse: "Eu te louvo, Pai, Senhor do céu e da terra, porque escondeste estas coisas aos sábios e entendidos e as revelaste aos pequeninos. Sim, Pai, assim foi do teu agrado. Tudo me foi entregue por meu Pai, e ninguém conhece o Filho, a não ser o Pai, e ninguém conhece o Pai, a não ser o Filho e aquele a quem o Filho o quiser revelar".

(Evangelho de Lucas 10,17.21-22)

Nos dias de sua vida mortal, num arroubo de alegria, Jesus exclamou: "Meu Pai, eu vos bendigo por terdes escondido estas coisas aos sábios e aos prudentes e as revelastes aos mais pequeninos" (Lc 10,21); queria revelar em mim a sua misericórdia. Porque eu era pequena e fraca, ele se inclinava para mim, instruía-me em segredo nas coisas de seu amor. Ah! Se os sábios que passaram a vida estudando tivessem vindo interrogar-me, sem dúvida, teriam ficado admirados em ver uma menina de quatorze anos compreender os segredos da perfeição, segredos que toda a sua ciência não pudera lhes revelar, visto que para possuí-la era preciso ser pobre de espírito.

34

Tempestade na alma

Então Jesus entrou no barco, e seus discípulos o seguiram. Nisso, veio uma grande tempestade sobre o mar, a ponto de o barco ser coberto pelas ondas. Jesus, porém, dormia. Eles foram acordá-lo. "Senhor", diziam, "salva-nos, estamos perecendo!" – "Por que tanto medo, homens de pouca fé?", respondeu ele. Então, levantando-se, repreendeu os ventos e o mar, e fez-se uma grande calmaria.

(Evangelho de Mateus 8,23-26)

Eu estava num triste deserto, ou melhor, a minha alma assemelhava-se a uma frágil embarcação entregue, sem piloto, à mercê das ondas tempestuosas... Eu o sei, Jesus estava ali dormindo na minha barquinha, mas a noite estava **tão** escura que não podia vê-lo. Nada para iluminar, nem sequer um relâmpago vinha rasgar as espessas nuvens... Sem dúvida, é bem triste a luz dos relâmpagos, mas, se pelo menos uma tempestade houvesse ocorrido, eu teria conseguido ver Jesus por um instante... Mas era noite, noite profunda da alma... Como Jesus no jardim da agonia (Mt 26,37), sentia-me só, sem consolo, nem por parte da terra nem dos Céus. Deus parecia ter-me abandonado!!!

35

A criação espera ser redimida

Com efeito, sabemos que toda a criação, até o presente, está gemendo como que em dores de parto, e não somente ela, mas também nós, que temos as primícias do Espírito, gememos em nosso íntimo, esperando a condição filial, a redenção de nosso corpo. Pois é na esperança que fomos salvos. Ora, aquilo que se tem diante dos olhos não é objeto de esperança: como pode alguém esperar o que está vendo? Mas, se esperamos o que não vemos, é porque o aguardamos com perseverança.

(Carta ao Romanos 8,22-25)

A natureza parecia tomar parte na minha amarga tristeza, pois, durante esses três dias, o sol não fez brilhar um só dos seus raios e a chuva caiu torrencialmente. Notei que em todas as circunstâncias graves de minha vida a natureza era a imagem de minha alma. Nos dias de lágrimas, o Céu chorava comigo; nos dias de alegria, o Sol enviava em abundância seus alegres raios e o azul do céu não era escurecido por nenhuma nuvem.

36

Nada nos separará do amor de Deus

Quem nos separará do amor de Cristo? Tribulação, angústia, perseguição, fome, nudez, perigo, espada? Pois está escrito: "Por tua causa somos entregues à morte, o dia todo; fomos tidos como ovelhas destinadas ao matadouro". Mas, em tudo isso, somos mais que vencedores, graças àquele que nos amou. Tenho certeza de que nem a morte, nem a vida, nem os anjos, nem os principados, nem o presente, nem o futuro, nem as potências, nem a altura, nem a profundeza, nem outra criatura qualquer será capaz de nos separar do amor de Deus, que está no Cristo Jesus, nosso Senhor.

(Carta aos Romanos 8,35-39)

Eu crescia no amor de Deus, sentia no meu coração impulsos até então desconhecidos; às vezes, tinha verdadeiros êxtases de amor. Uma tarde, não sabendo como dizer a Jesus quanto o amava e como desejava que ele fosse amado e glorificado em todo lugar, veio-me o doloroso pensamento que do inferno não poderia ele jamais receber um único ato de amor. Então disse a Deus que, para agradar a ele, eu consentiria em ser aí mergulhada, a fim de que fosse amado eternamente nesse lugar de blasfêmia... Eu sabia que isso não poderia glorificá-lo, visto que ele só deseja a nossa felicidade, mas, quando se ama, sente-se a necessidade de dizer mil loucuras. Se eu falava dessa maneira, não era porque o Céu não excitasse minha vontade, mas, nesse caso, minha imagem do Céu não era outra senão o Amor, sentindo, como São Paulo, que nada podia separar-me do divino objeto que me tinha fascinado!...

37

Colaboradores de Deus

A cada um o Senhor deu sua tarefa: eu plantei, Apolo regou, mas era Deus que fazia crescer. De modo que nem o que planta nem o que rega são, propriamente, importantes. Importante é aquele que faz crescer: Deus. Aquele que planta e aquele que rega são a mesma coisa, mas cada qual receberá o salário correspondente ao seu trabalho. Pois nós somos cooperadores de Deus, e vós, lavoura de Deus, construção de Deus.

(1 Carta aos Coríntios 3,5b-9)

Sei que Deus não tem necessidade de ninguém para realizar sua obra. Mas do mesmo modo que permite a um hábil jardineiro cultivar plantas raras e delicadas e que lhe dá para isso a ciência necessária, reservando para si mesmo a tarefa de fecundar, assim Jesus quer ser ajudado no seu divino cultivo de almas.

O que aconteceria se um jardineiro incompetente não enxertasse direito suas plantas? Se não soubesse reconhecer a natureza de cada uma e quisesse fazer desabrochar rosas num pessegueiro?... Faria morrer a planta que, no entanto, era boa e capaz de produzir frutos.

Assim é que se deve reconhecer desde a infância o que Deus pede às almas e ajudar a ação de sua graça, sem nunca apressá-la nem retardá-la.

38

Tudo é possível para quem crer

Logo que a multidão viu Jesus, ficou admirada e correu para saudá-lo. Jesus perguntou: "Que estais discutindo?" Alguém da multidão respondeu-lhe: "Mestre, eu trouxe a ti o meu filho que tem um espírito mudo. Se podes fazer alguma coisa, tem compaixão e ajuda-nos". Jesus disse: "Se podes...? Tudo é possível para quem crê". Imediatamente, o pai do menino exclamou: "Eu creio, mas ajuda-me na minha falta de fé".

(Evangelho de Marcos 9,15-17.22b-24)

Foi preciso que Deus me concedesse uma graça toda especial para que eu vencesse minha grande timidez... Também é verdade que: "O amor jamais encontra impossibilidades, porque crê que tudo lhe é possível e tudo é permitido". De fato, só o amor de Jesus podia fazer-me vencer essas e outras dificuldades que se seguiriam, porque foi do seu agrado fazer-me realizar a minha vocação através de grandes provações... Hoje, que desfruto a solidão do Carmelo, descansando à sombra da Cruz que tão ardorosamente desejei, considero ter pagado pouco minha felicidade e estaria disposta a suportar penas muito maiores para adquiri-la, se ainda não a tivesse adquirido!

39

Mortificações

Acaso não sabeis que, no estádio, todos correm, mas um só ganha o prêmio? Correi de tal maneira que conquisteis o prêmio. Todo atleta se impõe todo tipo de disciplina. Eles assim procedem, para conseguirem uma coroa corruptível. Quanto a nós, buscamos uma coroa incorruptível! Por isso, eu corro, não como às tontas. Eu luto, não como quem golpeia o ar. Trato duramente o meu corpo e o subjugo, para não acontecer que, depois de ter proclamado a mensagem aos outros, eu mesmo seja reprovado.

(1 Carta aos Coríntios 9,24-27)

Minhas mortificações consistiam em dominar minha vontade, sempre prestes a se impor, em reter uma palavra de réplica, em prestar pequenos serviços sem alardes, sem pensar em retribuição, em não apoiar as costas quando estava sentada etc. Foi pela prática desses *nadas* que me preparei para tornar-me a noiva de Jesus, e não posso dizer quanto essa espera deixou em mim doces lembranças.

40

Seguimento de Jesus

Enquanto estavam a caminho, alguém disse a Jesus: "Eu te seguirei aonde quer que tu vás". Jesus respondeu: "As raposas têm tocas e os pássaros do céu têm ninhos; mas o Filho do Homem não tem onde reclinar a cabeça". Então disse a outro: "Segue-me". Este respondeu: "Permite-me primeiro ir enterrar meu pai". Jesus respondeu: "Deixa que os mortos enterrem os seus mortos; mas tu, vai e anuncia o Reino de Deus". Um outro ainda lhe disse: "Eu te seguirei, Senhor, mas deixa-me primeiro despedir-me dos de minha casa". Jesus, porém, respondeu-lhe: "Quem põe a mão no arado e olha para trás, não está apto para o Reino de Deus".

(Evangelho de Lucas 9,57-62)

Com profunda alegria [ao ingressar no Carmelo] repetia estas palavras: "Estou aqui para sempre, para sempre...". Essa felicidade não era efêmera, não se dissiparia com as ilusões dos primeiros dias. Deus concedeu-me a graça de não ter ilusões, nenhuma ilusão ao entrar no Carmelo. Encontrei a vida religiosa tal qual a tinha imaginado, nenhum sacrifício me surpreendeu. No entanto, meus primeiros passos encontraram mais espinhos que rosas... Sim, o sofrimento estendeu-me os braços e me lancei neles com amor...

41

Tudo faço pelo Evangelho

Alegro-me nos sofrimentos que tenho suportado por vós e completo, na minha carne, o quem falta às tribulações de Cristo em favor do seu Corpo que é a Igreja. Dela eu me fiz ministro, exercendo a função que Deus me confiou a vosso respeito: a de fazer chegar até vós a palavra de Deus. É ele que nós anunciamos, instruindo cada um, ensinando cada um com sabedoria, a fim de podermos apresentar cada um perfeito em Cristo. Para isso, eu me afadigo e luto, na medida em que atua em mim a sua força.

Quero, pois, que saibais quanta luta tenho enfrentado por vós e pelos irmãos de Laodiceia, e por tantos outros que não me conhecem pessoalmente. E isto, para que todos sejam encorajados, unidos no amor, para alcançar a riqueza do pleno entendimento e o conhecimento do mistério de Deus, que é Cristo.

(Carta aos Colossenses 1,24-25.28-29; 2,1-2)

O que vinha fazer no Carmelo, eu o declarei aos pés de Jesus-Hóstia, no exame que precedeu à minha profissão [consagração religiosa]: "Eu vim para salvar as almas e, sobretudo, a fim de rezar pelos sacerdotes". Quando se quer atingir uma meta, é preciso aplicar os respectivos meios: Jesus me fez compreender que era pela cruz que ele queria dar-me almas, e minha atração pelo sofrimento cresceu à medida que o sofrimento aumentava.

42

Para além de todo conhecimento

Por essa razão, dobro os joelhos diante do Pai, de quem recebe o nome toda paternidade no céu e na terra. Que por sua graça, segundo a riqueza de sua glória, sejais robustecidos, por meio do seu Espírito, quanto ao homem interior. Que ele faça Cristo habitar em vossos corações pela fé, e que estejais enraizados e bem firmados no amor. Assim estareis capacitados a entender, com todos os santos, qual a largura, o comprimento, a altura, a profundidade...; conhecereis também o amor de Cristo, que ultrapassa todo conhecimento, e sereis repletos da plenitude de Deus. Àquele que tem o poder de realizar, por sua força agindo em nós, infinitamente mais que tudo que possamos pedir ou pensar, a ele a glória na igreja e no Cristo Jesus, por todas as gerações, na duração dos séculos. Amém.

(Carta aos Efésios 3,14-21)

A florzinha transplantada sobre a montanha do Carmelo ia desabrochar à sombra da Cruz. As lágrimas, o sangue de Jesus se tornaram seu orvalho e o seu Sol foi a adorável Face, coberta de lágrimas... Até então, não tinha imaginado a imensidão dos tesouros escondidos na Sagrada Face.

Como é misterioso o caminho pelo qual Deus sempre me conduziu. Nunca me fez desejar alguma coisa sem me dá-la. Por isso, seu cálice amargo me pareceu delicioso...

43

As escolhas de Deus

De fato, irmãos, reparai em vós mesmos, os chamados: não há entre vós muitos sábios de sabedoria humana, nem muitos poderosos, nem muitos de família nobre. Mas o que para o mundo é loucura, Deus o escolheu para envergonhar os sábios, e o que para o mundo é fraqueza, Deus o escolheu para envergonhar o que é forte. Deus escolheu o que no mundo não tem nome nem prestígio, aquilo que é nada, para assim mostrar a nulidade dos que são alguma coisa. Assim, ninguém poderá gloriar-se diante de Deus. É graças a ele que vós estais em Cristo Jesus, o qual se tornou para nós, da parte de Deus, sabedoria, justiça, santificação e libertação, para que, como está escrito, "quem se gloria, glorie-se no Senhor".

(1 Carta aos Coríntios 1,26-31)

Eu me aplicava, sobretudo, a praticar as pequenas virtudes, não tendo facilidade de praticar as grandes. Por isso, gostava de dobrar os mantos esquecidos pelas irmãs e prestar-lhes todos os pequenos serviços que podia. Foi-me dado também o amor pela mortificação; foi grande na medida em que nada me era permitido fazer para satisfazê-lo. A única pequena mortificação que eu fazia neste mundo, e que consistia em não apoiar as costas quando estava sentada, me foi proibida por causa da minha propensão a ficar curvada. As penitências que me foram permitidas, sem que as pedisse, consistiam em mortificar meu amor-próprio, o que me causava um bem muito maior que as penitências corporais.

44

O Pai está comigo

Os seus discípulos disseram: "Agora, sim, falas abertamente, e não em figuras. Agora vemos que conheces tudo e não precisas que ninguém te faça perguntas. Por isso acreditamos que saíste de junto de Deus!" Jesus respondeu: "Credes agora? Eis que vem a hora, e já chegou, em que vos dispersareis, cada um para seu lado, e me deixareis sozinho. Mas eu não estou só. O Pai está sempre comigo. Eu vos disse estas coisas para que, em mim, tenhais a paz".

(Evangelho de João 16,29-33)

O retiro que antecedeu a minha profissão [consagração religiosa] esteve longe de trazer-me consolação, mas a mais absoluta aridez e quase o abandono. Jesus dormia como sempre no meu barquinho. Vejo que raramente as pessoas O deixam dormir sossegado nelas. Jesus fica tão cansado de sempre dar os primeiros passos e pagar as contas que se apressa em aproveitar o descanso que lhe propicio. Provavelmente, não acordará antes de meu grande retiro de eternidade. Mas, em vez de me entristecer, isso me dá grande alegria...

45

Tudo é graça

Jesus dizia-lhes: "O Reino de Deus é como quando alguém lança a semente na terra. Quer ele esteja dormindo ou acordado, de dia ou de noite, a semente germina e cresce, sem que ele saiba como. A terra produz o fruto por si mesma: primeiro aparecem as folhas, depois a espiga e, finalmente, os grãos que enchem a espiga. Ora, logo que o fruto está maduro, mete-se a foice, pois o tempo da colheita chegou".

(Evangelho de Marcos 4,26-29)

Na realidade, estou longe de ser santa. Somente isto é uma prova: em vez de me alegrar com a minha aridez, eu deveria atribuí-la a minha falta de fervor e fidelidade. Deveria ficar triste por dormir durante minhas orações e minhas ações de graças. No entanto, não fico triste. Penso que as criancinhas agradam tanto seus pais quando dormem como quando estão acordadas. Penso que para fazer cirurgias os médicos adormecem seus pacientes. Enfim, penso que: "O Senhor vê nossa fragilidade, que ele se lembra de que não somos senão pó" (Sl 102,14).

46

Tua Palavra é meu alimento

Quanto a ti, permanece firme naquilo que aprendeste e aceitaste como verdade. E sabes de quem o aprendeste! Desde criança conheces as Escrituras Sagradas. Elas têm o poder de te comunicar a sabedoria que conduz à salvação pela fé no Cristo Jesus. Toda Escritura é inspirada por Deus e é útil para ensinar, para argumentar, para corrigir, para educar conforme a justiça. Assim, a pessoa que é de Deus estará capacitada e bem preparada para toda boa obra.

(2 Carta a Timóteo 3,14-17)

A Sagrada Escritura e a Imitação de Cristo vêm em meu socorro, nelas encontro um alimento sólido e totalmente puro. Mas é sobretudo o Evangelho que me sustenta nas minhas orações. Nele encontro tudo quanto a minha pobre alma necessita. Nele descubro sempre novas luzes, sentidos ocultos e misteriosos.

Observei, muitas vezes, que Jesus não quer me oferecer provisões. Alimenta-me a cada instante com um alimento totalmente novo. Encontro-o em mim sem saber como chegou. Creio simplesmente que é o próprio Jesus, oculto no fundo do meu pobre coraçãozinho, que me concede a graça de agir em mim, levando-me a pensar em tudo o que ele quer que eu faça no momento presente.

47

Consagração religiosa

"Em verdade, em verdade, vos digo: quem crê em mim fará as obras que eu faço, e fará ainda maiores do que estas. Pois eu vou para o Pai. E o que pedirdes em meu nome, eu o farei, a fim de que o Pai seja glorificado no Filho. Se pedirdes algo em meu nome, eu o farei.

Deixo-vos a paz, dou-vos a minha paz. Não é à maneira do mundo que eu a dou. Não se perturbe, nem se atemorize o vosso coração. Ouvistes o que eu vos disse: 'Eu vou, mas voltarei a vós'. Se me amásseis, ficaríeis alegres porque vou para o Pai, pois o Pai é maior do que eu."

(Evangelho de João 14,12-14.27-28)

Na manhã de 8 de setembro, senti-me inundada por um rio de paz e foi nessa paz "ultrapassando todo sentimento" que pronunciei meus Santos Votos... Minha união com Jesus se fez, não no meio de trovões e relâmpagos, quer dizer, de graças extraordinárias, mas no meio de uma leve brisa semelhante àquela que ouviu sobre a montanha nosso pai santo Elias (1Rs 19,11-13). Quantas graças não pedi naquele dia!... Eu me sentia verdadeiramente como uma Rainha. Então, me aproveitei do meu título para liberar cativos, obter favores do meu Rei para com seus súditos ingratos... Ofereci-me a Jesus a fim de que ele cumprisse perfeitamente em mim a sua vontade, sem que jamais as criaturas colocassem obstáculo.

48

Morada de Deus

Vi então um novo céu e uma nova terra. Pois o primeiro céu e a primeira terra passaram, e o mar já não existe. Vi também a cidade santa, a nova Jerusalém, descendo do céu, de junto de Deus, vestida como noiva enfeitada para o seu esposo. Então, ouvi uma voz forte que saía do trono e dizia: "Esta é a morada de Deus-com-os-homens. Ele vai morar junto deles. Eles serão o seu povo, e o próprio Deus-com-eles será seu Deus. Ele enxugará toda lágrima dos seus olhos. A morte não existirá mais, e não haverá mais luto, nem grito, nem dor, porque as coisas anteriores passaram". Aquele que está sentado no trono disse: "Eis que faço novas todas as coisas".

(Apocalipse 21,1-5a)

Imagino a minha alma como um território livre e peço à Santíssima Virgem Maria que tire o entulho que poderia impedi-la de ser livre. Depois, suplico que ela erga ali uma ampla tenda, digna do Céu, e a enfeite com seus próprios adornos. A seguir, convido todos os Santos e anjos a vir fazer um magnífico concerto. Quando Jesus desce ao meu coração, tenho a impressão de que ele fica contente por ser tão bem recebido e eu também fico contente.

49

No amor não há medo

E nós, que cremos, reconhecemos o amor que Deus tem para conosco.

Deus é amor: quem permanece no amor, permanece em Deus, e Deus permanece nele.

Nisto se realiza plenamente o seu amor para conosco: em que tenhamos firme confiança no dia do julgamento; pois assim como é Jesus, somos também nós neste mundo. No amor não há medo. Ao contrário, o perfeito amor lança fora o medo, pois o medo implica castigo, e aquele que tem medo não chegou à perfeição do amor.

(1 Carta de João 4,16-18)

O Senhor é tão bom para mim que me é impossível temê-lo. Ele sempre me deu o que desejei, ou, antes, ele me fez desejar o que ele queria me dar.

Estou longe de ser conduzida pelo caminho do temor, consigo sempre encontrar um meio de ser feliz e tirar proveito de minhas misérias... Sem dúvida, isso não desagrada Jesus, porque ele parece encorajar-me nesse caminho. Sou de natureza tal que o temor me faz recuar, com o amor não somente avanço, mas voo.

50

Mimos do meu Amado

"Grandes e admiráveis são as tuas obras, Senhor Deus, Todo-Poderoso! Justos e verdadeiros são os teus caminhos, ó Rei das nações! Quem não temeria, Senhor, e não glorificaria o teu nome? Só tu és santo! Todas as nações virão prostrar-se diante de Ti, porque tuas justas decisões se tornaram manifestas."

(Apocalipse 15,3b-4)

Quanto gosto das flores. Ao me fazer prisioneira aos 15 anos [ao entrar no Carmelo], renunciei para sempre à alegria de correr pelos campos salpicados dos tesouros da primavera. Pois bem, nunca tive mais flores à minha disposição do que após a minha entrada no Carmelo. É costume os noivos oferecerem com frequência ramalhetes de flores às suas noivas. Jesus não se esqueceu disso, enviou-me em abundância ramalhetes de centáureas, grandes margaridas, papoulas etc., todas as flores que mais me encantavam.

51

Delicadezas de Jesus

Pedro começou a dizer-lhe: "Olha, nós deixamos tudo e te seguimos". Jesus respondeu: "Em verdade vos digo: todo aquele que deixa casa, irmãos, irmãs, mãe, pai, filhos e campos, por causa de mim e do evangelho, recebe cem vezes mais agora, durante esta vida – casas, irmãos, irmãs, mães, filhos e campos, com perseguições –, e no mundo futuro, vida eterna".

(Evangelho de Marcos 10,28-30)

Havia uma florzinha chamada *nigela dos trigos*, que não vira mais desde o tempo em que morávamos em Lisieux; desejava muito rever essa flor da minha infância, que eu colhia nos campos de Alençon. Foi no Carmelo que ela veio sorrir-me e mostrar-me que, nas mínimas coisas como nas grandes, o Bom Deus dá cem vezes mais, já nesta vida, às almas que tudo deixaram por seu amor.

52

Ele está no meio de nós

Os fariseus perguntaram a Jesus sobre o momento em que chegaria o Reino de Deus. Ele respondeu: "O Reino de Deus não vem ostensivamente. Nem se poderá dizer: 'Está aqui', ou: 'Está ali', pois o Reino de Deus está no meio de vós".

(Evangelho de Lucas 17,20-21)

Compreendo e sei por experiência "Que o Reino de Deus está dentro de nós" (Lc 17,21). Jesus não tem nenhuma necessidade de livros nem de doutores para instruir as almas; ele, o Doutor dos doutores, ensina sem ruídos de palavras... Nunca o ouvi falar, mas sinto que está em mim, a cada momento. Ele me guia, me inspira o que devo dizer ou fazer. Exatamente no momento em que preciso, descubro luzes que nunca tinha visto antes. Na maioria das vezes, não é durante as minhas orações que elas surgem mais abundantes, é no meio das ocupações diárias...

53

Quero misericórdia

Ao passar, Jesus viu um homem chamado Mateus, sentado na coletoria de impostos, e disse-lhe: "Segue-me!" Ele se levantou e seguiu-o. Depois, enquanto estava à mesa na casa de Mateus, vieram muitos publicanos e pecadores e sentaram-se à mesa, junto com Jesus e seus discípulos. Alguns fariseus viram isso e disseram aos discípulos: "Por que vosso mestre come com os publicanos e pecadores?" Tendo ouvido a pergunta, Jesus disse: "Não são as pessoas com saúde que precisam de médico, mas as doentes. Ide, pois, aprender o que significa: 'Misericórdia eu quero, não sacrifícios'. De fato, não é a justos que vim chamar, mas a pecadores".

(Evangelho de Mateus 9,9-16)

Todas as perfeições divinas se me apresentam radiosas de amor. A própria justiça me parece revestida de amor. Que doce alegria pensar que Deus é justo, quer dizer, que leva em conta as nossas fraquezas, que conhece perfeitamente a fragilidade da nossa natureza. De que, então, eu teria medo? O Deus infinitamente justo, que se dignou perdoar com tanta bondade todas as faltas do filho pródigo, não deveria ser justo também comigo, que "estou sempre com ele"? (Lc 15,21-31).

54

Os caminhos de Deus

Ó profundidade da riqueza, da sabedoria e do conhecimento de Deus! Como são insondáveis os seus juízos e impenetráveis os seus caminhos! De fato, quem conheceu o pensamento do Senhor? Ou quem foi seu conselheiro? Ou quem se antecipou em dar-lhe alguma coisa, de maneira a ter direito a uma retribuição? Na verdade, tudo é dele, por ele e para ele. A ele, a glória para sempre. Amém!

(Carta aos Romanos 11,33-36)

Sempre desejei ser santa. Mas que tristeza! Quando me comparo aos santos, sempre constato que há entre eles e mim a mesma diferença que existe entre a montanha cujo cume se perde nos céus e o obscuro grão de areia debaixo dos pés dos pedestres. Em vez de desanimar, disse para mim mesma: Deus não pode inspirar desejos irrealizáveis, portanto, posso aspirar à santidade apesar da minha pequenez. Não consigo crescer, devo suportar-me como sou, com todas as minhas imperfeições. Mas procurarei um meio de ir para o Céu por uma trilha bem reta, bem curta, uma pequena via, totalmente nova.

55

Tornar-se criança

Naquela hora, os discípulos aproximaram-se de Jesus e perguntaram: "Quem é o maior no Reino dos Céus?" Jesus chamou uma criança, colocou-a no meio deles e disse: "Em verdade vos digo, se não vos converterdes e não vos tornardes como crianças, não entrareis no Reino dos Céus. Quem se faz pequeno como esta criança, esse é o maior no Reino dos Céus. E quem acolher em meu nome uma criança como esta, estará acolhendo a mim mesmo".

(Evangelho de Mateus 18,1-5)

Vivemos num século de invenções. Agora, já não é mais preciso subir os degraus de uma escada. Na casa dos ricos, um elevador a substitui com vantagens. Eu também gostaria de encontrar um elevador para elevar-me até Jesus, pois sou pequenina demais para subir a íngreme escada da perfeição. Busquei, então, nas Sagradas Escrituras, a indicação do elevador, objeto do meu desejo, e li estas palavras saídas da boca da eterna Sabedoria: "Se alguém é Pequeno que venha a mim" (Pr 9,4). Fui, então, com o pressentimento de ter achado o que procurava, e querendo saber, ó meu Deus, o que faríeis ao *pequenino* que respondesse ao vosso chamado.

56

Amor e ternura

Entretanto, nos tornamos pequenos no meio de vós. Imaginai uma mãe acalentando os seus filhinhos, assim a nossa afeição por vós. Estávamos dispostos, não só a comunicar-vos o evangelho de Deus, mas a dar-vos nossa própria vida, tão caros vos tínheis tornado a nós! Vós sois testemunhas – e Deus também – de que sempre vos tratamos com religioso respeito, com justiça e com toda a distinção, a vós que abraçastes a fé. Sabeis também que, como um pai faz com seus filhos, nós exortamos e encorajamos e adjuramos todos e a cada um de vós a que leveis uma vida digna de Deus, que vos chama para o seu reino e glória.

(1 Carta aos Tessalonicenses 2,7b-8.10-12)

Continuando minhas reflexões, eis o que encontrei: "Como uma mãe acaricia o seu filho, assim eu vos consolarei, vos levarei sobre o meu seio e vos acalentarei sobre os meus joelhos" (Is 66,13.12). Nunca palavras mais ternas e mais melodiosas vieram alegrar a minha alma! O elevador que deve elevar-me até o Céu são vossos braços, ó Jesus! Para isso, não preciso crescer, ao contrário, devo permanecer pequena, e que me torne cada vez mais. Ó meu Deus, vós superastes minha expectativa e eu quero cantar vossas misericórdias. "Vós me instruístes, ó Deus, desde a minha juventude, e até agora proclamo as vossas maravilhas..." (Sl 88,2).

57

Eu vos dei o exemplo

Depois de lavar os pés dos discípulos, Jesus vestiu o manto e voltou ao seu lugar. Disse aos discípulos: "Entendeis o que eu vos fiz? Vós me chamais de Mestre e Senhor; e dizeis bem, porque sou. Se eu, o Senhor e Mestre, vos lavei os pés, também vós deveis lavar os pés uns aos outros. Dei-vos o exemplo, para que façais assim como eu fiz para vós. Em verdade, em verdade, vos digo: o servo não é maior do que seu senhor, e o enviado não é maior do que aquele que o enviou. Já que sabeis disso, sereis felizes se o puserdes em prática".

(Evangelho de João 13,12-17)

Deus me deu a graça de compreender em que consiste a caridade. Eu a compreendia antes, é verdade, mas de uma maneira imperfeita, não tinha aprofundado esta parábola de Jesus: "O segundo mandamento é semelhante ao primeiro: amarás o teu próximo como a ti mesmo" (Mt 22,39). Eu dedicava-me, sobretudo, a "amar a Deus" e foi amando-o que compreendi que meu amor não devia traduzir-se apenas em palavras, pois "Nem todo aquele que diz: Senhor, Senhor! entrará no reino dos Céus, mas o que faz a vontade do meu Pai que está nos Céus" (Mt 7,21). Essa vontade Jesus a deu a conhecer muitas vezes, deveria dizer quase a cada página de seu evangelho.

58

Meus amigos

Este é o meu mandamento: amai-vos uns aos outros, assim como eu vos amei. Ninguém tem amor maior do que aquele que dá a vida por seus amigos. Vós sois meus amigos, se fizerdes o que eu vos mando. Já não vos chamo servos, porque o servo não sabe o que faz o seu Senhor. Eu vos chamo amigos, porque vos dei a conhecer tudo o que ouvi de meu Pai. Não fostes vós que me escolhestes; fui eu que vos escolhi e vos designei, para dardes fruto e para que o vosso fruto permaneça. Assim, tudo o que pedirdes ao Pai, em meu nome, ele vos dará. O que eu vos mando é que vos ameis uns aos outros.

(Evangelho de João 15,12-17)

De que maneira Jesus amou os seus discípulos e por que os amou? Não eram suas qualidades naturais que podiam atraí-lo. Havia entre eles e ele uma distância infinita. Ele era a Ciência, a Sabedoria eterna, eles eram pobres pescadores, ignorantes, imbuídos de uma mentalidade terrena. Entretanto, Jesus os chama *seus amigos, seus irmãos*. Quer vê-los reinar com ele no Reino de seu Pai e para abrir-lhes esse Reino quer morrer numa cruz, pois ele disse: *Não há maior amor que dar a vida por aqueles que se ama.*

59

Brilhe a vossa luz

"Vós sois o sal da terra. Ora, se o sal perde seu sabor, com que se salgará? Não servirá para mais nada, senão para ser jogado fora e pisado pelas pessoas. Vós sois a luz do mundo. Uma cidade construída sobre a montanha não fica escondida. Não se acende uma lâmpada para colocá--la debaixo de uma caixa, mas sim no candelabro, onde ela brilha para todos os que estão em casa. Assim também brilhe a vossa luz diante das pessoas, para que vejam as vossas boas obras e louvem o vosso Pai que está nos céus."

(Evangelho de Mateus 5,13-16)

Ao meditar essas palavras de Jesus, compreendi como era imperfeito o meu amor por minhas irmãs. Reconheci que não as amava como Deus as ama. Compreendo agora que a caridade perfeita consiste em suportar os defeitos dos outros, e não se surpreender com sua fraqueza, a edificar-se com os menores atos de virtude que os vemos praticar. Mas, sobretudo, compreendi que a caridade não deve ficar presa no fundo do coração: ninguém, disse Jesus, acende uma lamparina para colocá-la debaixo do alqueire, mas se põe no candelabro, a fim de iluminar a todos os que estão na casa. Parece-me que a lamparina representa a caridade que deve iluminar, alegrar, não somente os que me são mais caros, mas todos os que estão na casa, sem excluir ninguém.

60

Como eu vos amei

Antes da festa da Páscoa, sabendo Jesus que tinha chegado a sua hora, hora de passar deste mundo para o Pai, tendo amado os seus que estavam no mundo, amou-os até o fim. "Eu vos dou um novo mandamento: amai-vos uns aos outros. Como eu vos amei, assim também vós deveis amar-vos uns aos outros. Nisto conhecerão todos que sois os meus discípulos: se vos amardes uns aos outros."

(Evangelho de João 13,1.34-35)

Quando o Senhor ordenou a seu povo que amasse ao próximo como a si mesmo (Lv 19,18), não tinha ainda vindo à terra. Mas, sabendo perfeitamente até que ponto alguém ama a si mesmo, não podia pedir às suas criaturas um amor maior para com o próximo. Quando Jesus deu a seus discípulos um mandamento novo, seu mandamento, como dirá mais adiante, não é mais de amar o próximo como a si mesmo que ele fala, mas amá-lo como ele, Jesus, o amou, como o amará até o fim dos séculos.

61

Deus é amor

Caríssimos, amemo-nos uns aos outros, porque o amor vem de Deus e todo aquele que ama nasceu de Deus e conhece a Deus. Quem não ama, não chegou a conhecer a Deus, pois Deus é amor. Foi assim que o amor de Deus se manifestou entre nós: Deus enviou o seu Filho único ao mundo, para que tenhamos a vida por meio dele. Nisto consiste o amor: não fomos nós que amamos a Deus, mas foi ele que nos amou e enviou o seu Filho como oferenda de expiação pelos nossos pecados.

(1 Carta de João 4,7-10)

Senhor, sei que não ordenais nada impossível. Conheceis mais do que eu minha fraqueza, minha imperfeição. Bem sabeis que não poderia jamais amar minhas irmãs como vós as amais, se vós mesmo, ó meu Jesus, não as amásseis também em mim. É porque queríeis conceder-me esta graça que estabelecestes um novo mandamento. Oh! Como o amo, visto que me dá a certeza de que vossa vontade é de amar em mim todos aqueles que vós me mandais amar!

62

Sem mim nada podeis fazer

"Eu sou a videira verdadeira e meu Pai é o agricultor. Todo ramo que não dá fruto em mim, ele corta; e todo ramo que dá fruto, ele limpa, para que dê mais fruto ainda. Vós já estais limpos por causa da palavra que vos falei. Permanecei em mim, e eu permanecerei em vós. Como o ramo não pode dar fruto por si mesmo, se não permanecer na videira, assim também vós não podereis dar fruto se não permanecerdes em mim. Eu sou a videira e vós, os ramos. Aquele que permanece em mim, como eu nele, esse dá muito fruto; pois sem mim, nada podeis fazer."

(Evangelho de João 15,1-5)

Eu sinto, quando sou caridosa, que é somente Jesus a agir em mim. Quanto mais estou unida a ele, tanto mais também amo as minhas irmãs. Quando quero aumentar em mim esse amor, principalmente quando o demônio tenta colocar ante os olhos da minha alma os defeitos dessa ou daquela irmã que me é menos simpática, apresso-me em procurar ver suas virtudes, seus bons desejos. Penso que, se a vi fraquejar uma vez, bem pode ter conseguido muitas vitórias que ela esconde por humildade, e que mesmo aquilo que para mim parece ser uma falta pode muito bem, por causa da intenção, ser um ato de virtude.

63

Sede perfeitos no amor

"Ouvistes que foi dito: 'Amarás o teu próximo e odiarás o teu inimigo!' Ora, eu vos digo: Amai os vossos inimigos e orai por aqueles que vos perseguem! Assim vos tornareis filhos do vosso Pai que está nos céus; pois ele faz nascer o seu sol sobre maus e bons e faz cair a chuva sobre justos e injustos. Se amais somente aqueles que vos amam, que recompensa tereis? Os publicanos não fazem a mesma coisa? E se saudais somente os vossos irmãos, que fazeis de extraordinário? Os pagãos não fazem a mesma coisa? Sede, portanto, perfeitos como o vosso Pai celeste é perfeito."

(Evangelho de Mateus 5,43-48)

Na comunidade vive uma irmã que tem o dom de me desagradar em tudo. Seus modos, suas palavras, seu caráter, eram-me muito desagradáveis, no entanto, é uma santa religiosa que deve ser muito agradável a Deus. Por isso, não querendo ceder à antipatia natural que sentia, pensei comigo que a caridade não deveria basear-se nos sentimentos, mas em atitudes. Então, dediquei-me a fazer por essa irmã o que faria pela pessoa que mais amo. Todas as vezes que me encontrava com ela, por ela rezava ao bom Deus, oferecendo a ele todas as suas virtudes e seus méritos. Sentia que isso agradava a Jesus, pois não há artista que não goste de receber elogios pelas suas obras.

64

O amor transforma

Finalmente, sede todos unânimes, compassivos, fraternos, misericordiosos e humildes. Não pagueis o mal com o mal, nem ofensa com ofensa. Ao contrário, abençoai, porque para isto fostes chamados: para serdes herdeiros da bênção. "De fato, quem quer amar a vida e ver dias felizes, guarde a sua língua do mal e seus lábios de falar mentira. Afaste-se do mal e faça o bem, busque a paz e vá ao seu encalço. Pois os olhos do Senhor estão sobre os justos e seus ouvidos estão atentos à sua prece..."

(1 Carta de Pedro 3,8-12a)

Não me contentava em rezar muito pela irmã que me proporcionava tantos embates, procurava prestar-lhe todos os serviços possíveis e, quando tinha a tentação de lhe responder de uma maneira desagradável, contentava-me em lhe dar meu mais amável sorriso e procurava desviar a conversa.

Um dia na recreação, ela me disse mais ou menos estas palavras com um ar muito contente: "Poderíeis me dizer, minha Irmã Teresinha do Menino Jesus, o que vos atrai tanto para mim? Vejo-vos sorrir todas as vezes que me olhais". Ah! O que me atraía tanto era Jesus escondido no fundo de sua alma.

65

Caminhar com Jesus

Quero, pois, que saibais quanta luta tenho enfrentado por vós e... por tantos outros que não me conhecem pessoalmente. E isto, para que todos sejam encorajados, unidos no amor, para alcançar a riqueza do pleno entendimento e o conhecimento do mistério de Deus, que é Cristo. Nele estão escondidos todos os tesouros da sabedoria e do conhecimento.

Assim como acolhestes o Cristo Jesus, o Senhor, assim continuai caminhando com ele. Continuai enraizados nele, edificados sobre ele, firmes na fé tal qual vos foi ensinada, transbordando em ação de graças.

(Carta aos Colossenses 2,1-3.6-7)

Só a caridade pode dilatar o meu coração. Ó Jesus, desde que essa suave chama o consome, corro com alegria no caminho de vosso *novo mandamento*. Quero correr até o dia bem-aventurado em que, me unindo ao cortejo virginal, poderei seguir-vos nos espaços infinitos, cantando vosso "cântico novo", que será o do amor.

É a oração, é o sacrifício que constituem toda a minha força. São as armas invencíveis que Jesus me deu. Muito mais do que palavras, podem sensibilizar as almas, e disso tive experiências muitas vezes.

66

Tesouro em vasos de barro

Ora, trazemos esse tesouro em vasos de barro, para que todos reconheçam que este poder extraordinário vem de Deus e não de nós. Somos afligidos de todos os lados, mas não vencidos pela angústia; postos em apuros, mas não desesperançados; perseguidos, mas não desamparados; derrubados, mas não aniquilados; por toda a parte e sempre levamos em nosso corpo o morrer de Jesus, para que também a vida de Jesus se manifeste em nossa existência mortal.

(2 Carta aos Coríntios 4,7-11)

Se me acontecer pensar e dizer uma coisa que agrade a minhas irmãs, acho totalmente natural que elas se apropriem disso como de um bem que é delas. Esse pensamento pertence ao Espírito Santo e não a mim, visto que São Paulo diz que não podemos, sem esse Espírito de amor, chamar de Pai ao nosso Deus que está nos Céus (Rm 8,15). Ele está, pois, bem livre de servir-se de mim para transmitir um bom pensamento a uma pessoa. Se eu acreditasse que esse pensamento me pertence, seria como "o asno carregado de relíquias", o qual julgava dirigidas a si as homenagens que se prestavam aos Santos.

67

O artista e sua obra

"E por que ficar tão preocupados com a roupa? Olhai como crescem os lírios do campo. Não trabalham, nem fiam. No entanto, eu vos digo, nem Salomão, em toda a sua glória, jamais se vestiu como um só dentre eles. Ora, se Deus veste assim a erva do campo, que hoje está aí e amanhã é lançada ao forno, não fará ele muito mais por vós, gente fraca de fé? Portanto, não vivais preocupados, dizendo: 'Que vamos comer? Que vamos beber? Como nos vamos vestir?' Os pagãos é que vivem procurando todas essas coisas. Vosso Pai que está nos céus sabe que precisais de tudo isso."

(Evangelho de Mateus 6,28-32)

Se uma tela pintada por um artista pudesse pensar e falar, certamente ela não se queixaria de ser tocada e retocada por um pincel e tampouco invejaria a sorte desse instrumento, pois ela saberia que não é ao pincel, mas ao artista que o dirige, que ela deve a beleza da qual está revestida. O pincel, por sua vez, não poderia gloriar-se da obra-prima feita por ele. Sabem que os artistas não se embaraçam, nem fazem caso de dificuldades, e às vezes se dão ao capricho de escolher instrumentos fracos e defeituosos...

68

Rezar com simplicidade

"Quando orardes, não sejais como os hipócritas, que gostam de orar nas sinagogas e nas esquinas das praças, em posição de serem vistos pelos outros. Em verdade vos digo: já receberam a sua recompensa. Tu, porém, quando orares, entra no teu quarto, fecha a porta e ora ao teu Pai que está no escondido. E o teu Pai, que vê no escondido, te dará a recompensa. Quando orardes, não useis de muitas palavras, como fazem os pagãos. Eles pensam que serão ouvidos por força das muitas palavras. Não sejais como eles, pois o vosso Pai sabe do que precisais, antes de vós o pedirdes."

(Evangelho de Mateus 6,5-8)

Como é grande o poder da oração! Dir-se-ia uma rainha que a cada instante tem livre acesso ao rei e pode alcançar tudo quanto pede. Para ser atendida não é necessário ler num livro uma bela fórmula composta para a circunstância. Como as crianças que não sabem ler, digo simplesmente a Deus o que quero lhe dizer, sem formular belas frases, e ele sempre me entende. Para mim, a oração é um impulso do coração, é um simples olhar que se lança ao Céu, é um grito de gratidão e de amor, tanto no meio da provação quanto da alegria. Enfim, é algo grande, sobrenatural, que me expande a alma e me aconchega a Jesus.

69

Pai-Nosso

"Vós, portanto, orai assim: Pai nosso que estás nos céus, santificado seja o teu nome; venha o teu Reino; seja feita a tua vontade, como no céu, assim também na terra. O pão nosso de cada dia dá-nos hoje. Perdoa as nossas dívidas, assim como nós perdoamos aos que nos devem. E não nos introduzas em tentação, mas livra-nos do Maligno. De fato, se vós perdoardes aos outros as suas faltas, vosso Pai que está nos céus também vos perdoará. Mas, se vós não perdoardes aos outros, vosso Pai também não perdoará as vossas faltas."

(Evangelho de Mateus 6,9-15)

Às vezes, quando meu espírito está numa tão grande aridez que me é impossível tirar daí um pensamento para unir-me a Deus, recito muito pausadamente um "Pai-Nosso" e depois a saudação angélica. Essas orações, então, me arrebatam e nutrem muito mais a minha alma do que se as recitasse, apressadamente, uma centena de vezes.

A Santíssima Virgem dá-me provas de que não se descontenta comigo. Nunca deixa de me proteger no mesmo instante que a invoco. Quando me sobrevém uma inquietação, um contratempo, bem depressa me volto para ela, e, como a mais carinhosa das mães, sempre toma a seu encargo os meus interesses.

70

O amor só faz o bem

Portanto, como eleitos de Deus, santos e amados, vesti-vos com sentimentos de compaixão, com bondade, humildade, mansidão, paciência; suportai-vos uns aos outros e, se um tiver motivo de queixa contra o outro, perdoai-vos mutuamente. Como o Senhor vos perdoou, fazei assim também vós. Sobretudo, revesti-vos do amor, que une a todos na perfeição. Reine em vossos corações a paz de Cristo, para a qual também fostes chamados em um só corpo. E sede agradecidos.

Que a palavra de Cristo habite em vós com abundância. Com toda a sabedoria, instruí-vos e aconselhai-vos uns aos outros. Movidos pela graça, cantai a Deus, em vossos corações, com salmos, hinos e cânticos inspirados pelo Espírito.

(Carta aos Colossenses 3,12-16)

Eis a conclusão que eu tiro: nos recreios, nas licenças, devo procurar a companhia das irmãs que me são menos agradáveis, exercer junto a essas almas feridas o ofício de bom samaritano. Uma palavra, um sorriso amável bastam muitas vezes para alegrar uma alma triste. Mas não é absolutamente para atingir tal objetivo que quero praticar a caridade, pois sei que logo poderia ser desencorajada: uma palavra que dissesse com a melhor das intenções seria talvez interpretada ao contrário.

71

Amor fraterno

O amor seja sincero. Detestai o mal, apegai-vos ao bem. Que o amor fraterno vos una uns aos outros, com terna afeição, rivalizando-vos em atenções recíprocas. Sede zelosos e diligentes, fervorosos de espírito, servindo sempre ao Senhor, alegres na esperança, fortes na tribulação, perseverantes na oração. Mostrai-vos solidários com os santos em suas necessidades, prossegui firmes na prática da hospitalidade. Abençoai os que vos perseguem, abençoai e não amaldiçoeis. Alegrai-vos com os que se alegram, chorai com os que choram. Mantende um bom entendimento uns com os outros; não sejais pretensiosos, mas acomodai-vos às coisas humildes. Não vos considereis sábios aos próprios olhos.

(Carta aos Romanos 12,9-16)

Quero ser amável com todo mundo, e particularmente com as irmãs menos amáveis, para alegrar Jesus e responder ao conselho que ele dá no Evangelho mais ou menos nesses termos: "Quando fizerdes um festim, não convideis vossos parentes e vossos amigos..." (Lc 14,12-14). Que festim poderia oferecer uma carmelita às suas irmãs, senão um festim espiritual composto de caridade amável e alegre?

Ao se dar a Deus, o coração não perde sua ternura natural. Pelo contrário, essa ternura cresce ao tornar-se mais pura e mais divina.

72

Eu te glorifiquei na terra

Elevando os olhos ao céu, Jesus disse: "Pai, chegou a hora. Glorifica teu filho, para que teu filho te glorifique. Eu te glorifiquei na terra, realizando a obra que me deste para fazer. E agora Pai, glorifica-me junto de ti mesmo, com a glória que eu tinha, junto de ti, antes que o mundo existisse. Manifestei o teu nome aos homens que, do mundo, me deste. Eles eram teus e tu os deste a mim; e eles guardaram a tua palavra. Agora, eles sabem que tudo quanto me deste vem de ti, porque eu lhes dei as palavras que tu me deste, e eles as acolheram; e reconheceram verdadeiramente que eu saí de junto de ti e creram que tu me enviaste".

(Evangelho de João 17,1.4-8)

Assim como uma torrente que se lança com impetuosidade no oceano arrasta trás de si tudo o que encontra em sua passagem, do mesmo modo, ó meu Jesus, a alma que mergulha no oceano sem margem do vosso amor atrai com ela todos os tesouros que possui. Senhor, vós o sabeis, não tenho outros tesouros senão as almas que vos agradou unir à minha. Esses tesouros sois vós que me confiastes. Por isso, ouso tomar como minhas as palavras que dirigistes ao Pai celeste, na última noite em que ainda fostes visto na terra... Então, gostaria de dizer-vos, ó meu Deus: "Eu te glorifiquei na terra; realizei a obra que me destes para fazer...".

73

Quero comigo os que me deste

"Pai, quero que estejam comigo aqueles que me deste, para que contemplem a minha glória, a glória que tu me deste, porque me amaste antes da criação do mundo.

Pai justo, o mundo não te conheceu, mas eu te conheci, e estes conheceram que tu me enviaste. Eu lhes fiz conhecer o teu nome, e o farei conhecer ainda, para que o amor com que me amaste esteja neles, e eu mesmo esteja neles."

(Evangelho de João 17,24-26)

Senhor, eis o que, depois de vós, quisera repetir antes de partir voando aos vossos braços. Talvez seja temeridade? Longe disso! Há muito que me permitistes ser audaciosa convosco; como o pai do filho pródigo falando ao seu filho primogênito, vós me dissestes: "Tudo o que é meu é teu" (Lc 15,31). Vossas palavras, ó Jesus, são, portanto, minhas e posso servir-me delas para atrair sobre as almas que estão unidas a mim os favores do Pai Celeste. Porém, Senhor, quando digo que onde eu estiver desejo que aqueles que foram dados a mim por vós estejam aí também, pretendo que eles possam chegar a uma glória bem mais elevada que aquela que vos agradará dar-me. Quero pedir-vos simplesmente que um dia estejamos todos reunidos no vosso belo Céu.

74

Amor atrai amor

Quanto a nós, devemos continuamente dar graças a Deus a vosso respeito, irmãos amados no Senhor, porque Deus vos escolheu, desde o começo, para serdes salvos pelo Espírito que santifica e pela fé na verdade. Deus vos chamou também, pela nossa pregação do evangelho, para alcançardes a glória de nosso Senhor Jesus Cristo. Portanto, irmãos, ficai firmes e guardai cuidadosamente os ensinamentos que vos transmitimos, de viva voz ou por carta. O próprio Senhor nosso Jesus Cristo, com Deus nosso Pai, que na sua graça nos amou e nos deu consolação eterna e uma feliz esperança, confortem vossos corações e vos confirmem em tudo que fazeis ou dizeis de bom.

(2 Carta aos Tessalonicenses 2,13-17)

Vós sabeis, ó meu Deus, nunca desejei outra coisa senão vos amar, não ambiciono outra glória. Seu amor sempre me acompanhou desde minha infância, cresceu comigo, e agora é um abismo, cuja profundidade não sei calcular. Amor atrai amor, por isso, meu Jesus, o meu se lança para vós, desejando preencher o abismo que o atrai. Mas isso não é sequer uma gota de orvalho perdida no oceano!... Para vos amar como me amais, preciso tomar emprestado, só então encontro repouso.

75

Amados de Deus

"Eu não rogo somente por eles, mas também por aqueles que vão crer em mim pela palavra deles. Que todos sejam um, como tu, Pai, estás em mim, e eu em ti. Que eles estejam em nós, a fim de que o mundo creia que tu me enviaste. Eu lhes dei a glória que tu me deste, para que eles sejam um, como nós somos um: eu neles, e tu em mim, para que sejam perfeitamente unidos, e o mundo conheça que tu me enviaste e os amaste como amaste a mim."

(Evangelho de João 17,20-23)

Ó meu Jesus, talvez seja uma ilusão, mas parece-me que não podeis cumular uma alma com mais amor que cumulastes a minha. É por isso que ouso pedir-vos "para amar aqueles que me destes como amastes a mim". Um dia, no Céu, se eu descobrir que os amais mais do que a mim, eu me alegrarei com isso, reconhecendo desde já que essas almas, bem mais que a minha, merecem vosso amor. Na terra, porém, não posso conceber maior imensidão de amor do que aquele que vos agradou prodigalizar-me gratuitamente sem nenhum mérito de minha parte.

76

Pedi e recebereis

"Pedi e vos será dado! Procurai e encontrareis! Batei e a porta vos será aberta! Pois todo aquele que pede recebe, quem procura encontra, e a quem bate, a porta será aberta. Quem de vós dá ao filho uma pedra, quando ele pede um pão? Ou lhe dá uma cobra, quando ele pede um peixe? Ora, se vós, que sois maus, sabeis dar coisas boas aos vossos filhos, quanto mais vosso Pai que está nos céus dará coisas boas aos que lhe pedirem!"

(Evangelho de Mateus 7,7-11)

"Ninguém", disse Jesus, "pode vir após mim, se meu Pai não o atrair"(Jo 6,44). Em seguida, por sublimes parábolas, e, muitas vezes, sem mesmo usar desse meio tão familiar ao povo, ele nos ensina que basta bater para que se abra, buscar para encontrar e estender humildemente a mão para receber o que pede. Diz ainda que tudo o que se pede a seu Pai em seu nome ele o concede.

77

Cristo vive em mim

Quando, porém, Àquele que me separou desde o ventre materno e me chamou por sua graça, agradou revelar-me o seu Filho, para que eu o anunciasse aos pagãos...

Eu vivo, mas não eu: é Cristo que vive em mim. Minha vida atual na carne, eu a vivo na fé, crendo no Filho de Deus, que me amou e se entregou por mim.

(Carta aos Gálatas 1,15-16a; 2,20)

Que é, pois, pedir para ser *atraído*, senão unir-se de maneira íntima ao objeto que cativa o coração? Se o fogo e o ferro raciocinassem e se esse último dissesse ao primeiro: "Atraí-me", não provaria que deseja identificar-se com o fogo, de modo a ser penetrado e impregnado da sua ardente substância, e com ele parecer constituir uma só coisa? Assim é minha oração: peço a Jesus para me atrair às chamas de seu amor, unir-me tão estreitamente a ele, que seja ele quem vive e age em mim. Sinto que, quanto mais o fogo do amor abrasar meu coração, mais direi: *Atraí-me*; mas também as almas que se aproximarem de mim, mais essas almas *correrão com rapidez para o odor dos perfumes do seu Bem-Amado.*

78

Uma só coisa é necessária

Jesus entrou num povoado, e uma mulher, de nome Marta, o recebeu em sua casa. Ela tinha uma irmã, Maria, a qual se sentou aos pés do Senhor e escutava a sua palavra. Marta, porém, estava ocupada com os muitos afazeres da casa. Ela aproximou-se e disse: "Senhor, não te importas que minha irmã me deixe sozinha com todo o serviço? Manda pois que ela venha me ajudar!" O Senhor, porém, lhe respondeu: "Marta, Marta! Tu te preocupas e andas agitada com muitas coisas. No entanto, uma só é necessária. Maria escolheu a melhor parte e esta não lhe será tirada".

(Evangelho de Lucas 10,38-42)

Uma alma abrasada de amor não consegue permanecer inativa. Como Santa Madalena, ela permanece aos pés de Jesus, escutando a sua palavra doce e ardente. Parecendo não dar nada, ela dá bem mais que Marta, que se atormenta com muitas coisas e queria que a irmã a imitasse.

Não são as ocupações de Marta que Jesus censura, a essas ocupações sua divina Mãe submeteu-se humildemente toda a sua vida, pois tinha que preparar as refeições para a Sagrada Família. É apenas a inquietação de sua fervorosa anfitriã que ele queria corrigir.

79

O poder da oração

Jesus lhes observou: "Tende fé em Deus. Em verdade, vos digo: se alguém disser a esta montanha: 'Arranca-te e joga-te no mar', sem duvidar no coração, mas acreditando que vai acontecer, então acontecerá. Por isso, vos digo: tudo o que pedirdes na oração, crede que já o recebestes, e vos será concedido. E, quando estiverdes de pé para a oração, se tendes alguma coisa contra alguém, perdoai, para que vosso Pai que está nos céus também perdoe os vossos pecados".

(Evangelho de Marcos 11,22-25)

Um sábio disse: "Dai-me uma alavanca, um ponto de apoio, e levantarei o mundo". O que Arquimedes não pôde obter, porque seu pedido não se dirigia a Deus e porque não era feito senão do ponto de vista material, os santos obtiveram-no em toda sua plenitude. O Todo-Poderoso lhes deu como ponto de apoio: ele mesmo, e só ele. Por alavanca: a oração que abrasa por um fogo de amor, e foi assim que eles levantaram o mundo. É assim que os santos ainda militantes o levantam e que até o fim do mundo os santos futuros o levantarão também.

80

Madalena

Um fariseu convidou Jesus para jantar. Ele entrou na casa do fariseu e sentou-se à mesa. Havia na cidade uma mulher que era pecadora. Quando soube que Jesus estava à mesa na casa do fariseu, trouxe um frasco de alabastro, cheio de perfume, postou-se atrás, aos pés de Jesus e, chorando, lavou-os com suas lágrimas. Em seguida, enxugou-os com os seus cabelos, beijou-os e os ungiu com o perfume.

Ao ver isso, o fariseu que o tinha convidado comentou: "Se este homem fosse profeta, saberia quem é a mulher que está tocando nele: é uma pecadora!" Então Jesus falou: "Simão, tenho uma coisa para te dizer". Ele respondeu: "Fala, Mestre". "Por isso te digo [disse Jesus]: os muitos pecados que ela cometeu estão perdoados, pois ela mostrou muito amor."

(Evangelho de Lucas 7,36-40.47)

Não é ao primeiro lugar, mas ao último, que me lanço. Em vez de postar-me na frente como o fariseu, repito, cheia de confiança, a humilde oração do publicano, mas sobretudo imito o comportamento de Madalena. Sua espantosa, ou melhor, sua amorosa audácia, que encanta o Coração de Jesus, seduz o meu coração. Sim, percebo que, se me pesasse na consciência todos os pecados possíveis de cometer, iria, com o coração partido de arrependimento, lançar-me nos braços de Jesus, pois sei o quanto ama o filho pródigo que a ele retorna.

81

A ciência do amor

Se eu falasse as línguas dos homens e as dos anjos, mas não tivesse amor, eu seria como um bronze que soa ou um címbalo que retine. Se eu tivesse o dom da profecia, se conhecesse todos os mistérios e toda a ciência, se tivesse toda a fé, a ponto de remover montanhas, mas não tivesse amor, eu nada seria. Se eu gastasse todos os meus bens no sustento dos pobres e até me entregasse como escravo, para me gloriar, mas não tivesse amor, de nada me aproveitaria.

As profecias desaparecerão, as línguas cessarão, a ciência desaparecerá. Atualmente permanecem estas três: a fé, a esperança, o amor. Mas a maior delas é o amor.

(1 Carta aos Coríntios 13,1-3.8b.13)

Sem se mostrar, sem fazer ouvir sua voz, Jesus me instrui em segredo. Não é por meio de livros, porque não compreendo o que leio, mas, às vezes, alguma palavra me consola, como esta que colhi ao acaso no final da oração, depois de ter ficado no silêncio e na aridez: "Eis o mestre que te dou, ele te ensinará tudo o que deves fazer. Quero fazer com que leias no livro da vida, onde está contida a ciência do Amor". A ciência do Amor! Essa palavra ressoa suavemente ao ouvido de minha alma, só desejo essa ciência.

82

Deixai as crianças virem a mim

Naquele momento, levaram crianças a Jesus, para que impusesse as mãos sobre elas e fizesse uma oração. Os discípulos, porém, as repreenderam. Jesus disse: "Deixai as crianças, e não as impeçais de virem a mim; porque a pessoas assim é que pertence o Reino dos Céus". E depois de impor as mãos sobre elas, ele partiu dali.

(Evangelho de Mateus 19,13-15)

Compreendo, perfeitamente, que só o amor pode nos tornar agradáveis a Deus, que esse amor é o único bem que ambiciono. Jesus se compraz em mostrar-me o único caminho que conduz a essa fornalha divina. Esse caminho é o abandono da criança pequena que adormece sem medo nos braços de seu Pai. "Se alguém é totalmente pequeno, que venha a mim" (Pr 9,4), disse o Espírito Santo pela boca de Salomão, e esse mesmo Espírito de Amor disse ainda que "a misericórdia é concedida aos pequenos" (Sb 6,7). Diante de tal linguagem, só resta calar-se e chorar de gratidão e de amor.

83

Dá-me de beber

Chegou, pois, a uma cidade da Samaria, chamada Sicar... Havia ali a fonte de Jacó. Jesus, cansado da viagem, sentou-se junto à fonte. Era por volta do meio-dia. Veio uma mulher da Samaria buscar água. Jesus lhe disse: "Dá-me de beber!" A samaritana disse a Jesus: "Como é que tu, sendo judeu, pedes de beber a mim, que sou uma mulher samaritana?" Jesus respondeu: "Se conhecesses o dom de Deus e quem é aquele que te diz: 'Dá-me de beber', tu lhe pedirias, e ele te daria água viva".

A mulher deixou a sua bilha e foi à cidade, dizendo às pessoas: "Vinde ver um homem que me disse tudo o que eu fiz. Não será ele o Cristo?"

Muitos samaritanos daquela cidade acreditaram em Jesus por causa da palavra da mulher...

(Evangelho de João 4,5-7.9a-10.28-29.39)

Eis, portanto, tudo o que Jesus exige de nós: ele não precisa de nossas obras, mas unicamente do nosso amor, pois este mesmo Deus que declara não ter necessidade de nos dizer quando está com fome, que não tem receio de mendigar um pouco de água à Samaritana. Ele tinha sede... Mas ao dizer "dá-me de beber" era o amor de sua pobre criatura que o Criador do universo reclamava. Ele tinha sede de amor... Oh! Sinto mais do que nunca, Jesus está com sede. Entre os discípulos do mundo, só encontra ingratos e indiferentes; entre seus próprios discípulos, infelizmente, só encontra poucos corações que a ele se entregam sem reserva, que compreendem toda a ternura de seu amor infinito.

84

Sinto muitas vocações

Há diversidade de dons, mas o Espírito é o mesmo. Há diversidade de ministérios, mas o Senhor é o mesmo. Há diferentes atividades, mas é o mesmo Deus que realiza tudo em todos. A cada um é dada a manifestação do Espírito, em vista do bem de todos. A um é dada pelo Espírito uma palavra de sabedoria; a outro, uma palavra de conhecimento segundo o mesmo Espírito. A outro é dada a fé, pelo mesmo Espírito. A outro são dados dons de cura, pelo mesmo Espírito. A outro, o poder de fazer milagres. A outro, a profecia. A outro, o discernimento dos espíritos. A outro, diversidade de línguas. A outro, o dom de as interpretar. Todas essas coisas as realiza um e o mesmo Espírito, que distribui a cada um conforme quer.

(1 Carta aos Coríntios 12,4-11)

Ser tua esposa, Jesus, ser carmelita, ser mãe das almas pela união contigo, isso deveria bastar-me... Mas assim não acontece. Sem dúvida, as três prerrogativas: Carmelita, Esposa e Mãe constituem exatamente a minha vocação. Contudo, sinto em mim outras vocações. Sinto em mim a vocação de guerreiro, de sacerdote, de apóstolo, de doutor e de mártir. Enfim, sinto a necessidade, o desejo, de realizar por ti, Jesus, todas as obras, as mais heroicas. Sinto na alma a coragem de um Cruzado, de um Zuavo Pontifício: desejaria morrer num campo de batalha pela defesa da Igreja.

85

Paradoxo

De fato, eu recebi do Senhor o que também vos transmiti: Na noite em que ia ser entregue, o Senhor Jesus tomou o pão e, depois de dar graças, partiu-o e disse: "Isto é o meu corpo entregue por vós. Fazei isto em memória de mim". Do mesmo modo, depois da ceia, tomou também o cálice e disse: "Este cálice é a nova aliança no meu sangue. Todas as vezes que dele beberdes, fazei-o em minha memória". De fato, todas as vezes que comerdes deste pão e beberdes deste cálice, estareis proclamando a morte do Senhor, até que ele venha.

(1 Carta aos Coríntios 11,23-26)

Sinto em mim a vocação do sacerdote. Com que amor, ó meu Jesus, te levaria em minhas mãos quando, à minha voz, descêsseis do Céu... Com que amor te daria às almas. Mas, ao mesmo tempo em que desejo ser sacerdote, admiro e invejo a humildade de São Francisco de Assis, e sinto a vocação de imitá-lo, quando recusou a sublime dignidade do sacerdócio.

Ó Jesus! Meu amor, minha vida, como conciliar tais contrastes? Como tornar realidade os desejos de minha pobre e pequenina alma?

86

Vocação missionária

Desse evangelho eu fui feito ministro, pelo dom da graça que Deus me concedeu segundo a força de seu poder. A mim, o menor de todos os santos, foi dada esta graça: anunciar aos pagãos a riqueza insondável de Cristo e mostrar claramente a todos como se realiza o seu plano escondido, desde toda a eternidade em Deus, que tudo criou. Assim, doravante, os principados e as potestades celestes conhecem, por meio da Igreja, a multiforme sabedoria de Deus, de acordo com o projeto eterno que ele executou no Cristo Jesus, nosso Senhor. Em Cristo, pela fé que temos nele, conseguimos plena liberdade de nos aproximar confiantemente de Deus.

(Carta aos Efésios 3,7-12)

Apesar da minha pequenez, gostaria de esclarecer e iluminar as almas como os Profetas, os Doutores; tenho a vocação de ser Apóstola... Quisera percorrer a terra, pregar teu nome e implantar, na terra de infiéis, tua Cruz gloriosa. Mas, ó meu Bem-Amado, uma única missão não me bastaria. Desejaria, ao mesmo tempo, anunciar o Evangelho nas cinco partes do mundo, até as ilhas mais distantes. Quisera ser missionária não só durante alguns anos, mas desejaria tê-lo sido desde a criação do mundo, e sê-lo até a consumação dos séculos. Mas, acima de tudo, ó Bem-Amado Salvador, desejaria derramar meu sangue por ti até a última gota.

87

Todos os martírios

São servos de Cristo? Delirando, digo: Eu ainda mais. Muito mais do que eles, pelos trabalhos, pelas prisões, por excessivos açoites; muitas vezes em perigo de morte; cinco vezes, recebi dos judeus quarenta chicotadas menos uma; três vezes, fui batido com varas; uma vez, apedrejado; três vezes naufraguei; passei uma noite e um dia em alto-mar; fiz inúmeras viagens, com perigos de rios, perigos de ladrões, perigos da parte de meus compatriotas, perigos da parte dos pagãos, perigos na cidade, perigos em regiões desertas, perigos no mar, perigos por parte de falsos irmãos; trabalhos e fadigas, inúmeras vigílias, fome e sede, frequentes jejuns, frio e nudez; e, sem falar de outras coisas, a minha preocupação de cada dia, a solicitude por todas as igrejas!

(2 Carta aos Coríntios 11,23-28)

O martírio! Eis o sonho de minha juventude! Sonho que cresceu comigo nos claustros do Carmelo. Aí também percebo que meu sonho é uma loucura, pois não conseguiria limitar-me a desejar um só gênero de martírio. Para me satisfazer precisaria de todos eles. Como tu, meu Esposo Adorado, gostaria de ser flagelada e crucificada. Como São Bartolomeu, gostaria de morrer esfolada... Como São João, gostaria de ser mergulhada no azeite fervente, gostaria de passar por todos os suplícios infligidos aos mártires.

88

Diversidade de dons

Mas, de fato, há muitos membros e, no entanto, um só corpo. O olho não pode dizer à mão: "Não preciso de ti", nem a cabeça dizer aos pés: "Não preciso de vós". Bem mais ainda, mesmo os membros do corpo que parecem ser os mais fracos, são indispensáveis.

Vós todos sois o corpo de Cristo e, individualmente, sois membros desse corpo. Assim, na Igreja, Deus estabeleceu, primeiro, os apóstolos; segundo, os profetas; terceiro, os que ensinam; depois, dons diversos: milagres, cura, beneficência, administração, diversidade de línguas. Acaso todos são apóstolos? Todos são profetas? Todos ensinam? Todos fazem milagres? Todos têm dons de cura? Todos falam em línguas? Todos as interpretam?

(1 Carta aos Coríntios 12,20-22.27-30)

Ó meu Jesus! O que responderás a todas as minhas loucuras? Haverá uma alma mais pequenina, mais impotente do que a minha? Entretanto, justamente por causa da minha fraqueza, foi do teu agrado, Senhor, satisfazer plenamente meus pequenos desejos de criança e hoje queres satisfazer outros desejos, mais vastos do que o universo.

Como, na oração, meus desejos me faziam sofrer um verdadeiro martírio, abri as epístolas de São Paulo a fim de buscar alguma resposta. Os capítulos 12 e 13 da primeira epístola aos Coríntios me caíram sob os olhos... Li aí que nem todos podem ser apóstolos, profetas, doutores etc. Que a Igreja é composta de diferentes membros e que o olho não poderia ser ao mesmo tempo a mão...

89

Busca e encontro

Maria tinha ficado perto do túmulo, do lado de fora, chorando. Enquanto chorava, inclinou-se para olhar dentro do túmulo. Ela enxergou dois anjos, vestidos de branco, sentados onde tinha sido posto o corpo de Jesus, um à cabeceira e outro aos pés. Os anjos perguntaram: "Mulher, por que choras?" Ela respondeu: "Levaram o meu Senhor e não sei onde o colocaram". Dizendo isto, Maria virou-se para trás e enxergou Jesus em pé, mas ela não sabia que era Jesus. Jesus perguntou-lhe: "Mulher, por que choras? Quem procuras?" Pensando que fosse o jardineiro, ela disse: "Senhor, se foste tu que o levaste, dize-me onde o colocaste, e eu irei buscá-lo". Então, Jesus falou: "Maria!" Ela voltou-se e exclamou, em hebraico: "Rabûni!" (que quer dizer: Mestre).

(Evangelho de João 20,11-16)

Como Madalena insistia em inclinar-se sobre o túmulo vazio e acabou encontrando o que procurava, assim também, debruçando-me até as profundezas de meu nada, ergui-me a tal altura, que alcancei meu objetivo. Sem esmorecer, continuei a minha leitura e esta frase aliviou-me: "Buscai com ardor os dons mais perfeitos, mas vou indicar-vos um caminho mais perfeito ainda". E o Apóstolo explica como todos os dons mais perfeitos não são nada sem o amor. Que a caridade é o caminho excelente que conduz seguramente a Deus (cf. 1Cor 12,31).

90

O coração da Igreja

Como o corpo é um, embora tenha muitos membros, e como todos os membros do corpo, embora sejam muitos, formam um só corpo, assim também acontece com Cristo.

Mas Deus, quando formou o corpo, deu mais honra ao que nele é tido como sem valor, para que não haja divisão no corpo, mas, pelo contrário, os membros sejam igualmente solícitos uns pelos outros. Se um membro sofre, todos os membros sofrem com ele; se um membro é honrado, todos os membros se regozijam com ele.

(1 Carta aos Coríntios 12,12.24b-26)

Considerando o corpo místico da Igreja, não me identificava com nenhum dos membros descritos por São Paulo, ou melhor, queria identificar-me com todos eles. A caridade deu-me a chave da minha vocação. Compreendi que, se a Igreja tinha um corpo, composto de diferentes membros, o mais necessário, o mais nobre de todos não lhe faltava. Compreendi que a Igreja tinha um coração, e esse coração era ardente de Amor. Compreendi que só o amor fazia os membros da Igreja atuarem e que, se o Amor se extinguisse, os Apóstolos já não anunciariam o Evangelho e os Mártires se recusariam a derramar seu sangue.

91

Minha vocação é o amor

Aspirai aos dons mais elevados. E vou ainda mostrar-vos um caminho incomparavelmente superior.

O amor é paciente, é benfazejo; não é invejoso, não é presunçoso nem se incha de orgulho; não faz nada de vergonhoso, não é interesseiro, não se encoleriza, não leva em conta o mal sofrido; não se alegra com a injustiça, mas fica alegre com a verdade. Ele desculpa tudo, crê tudo, espera tudo, suporta tudo. O amor jamais acabará.

(1 Carta aos Coríntios 12,31; 13,4-8a)

Compreendi que o Amor abrange todas as vocações, que o Amor é tudo, que ele abrange todos os tempos e todos os lugares. Numa palavra, que ele é eterno. Sim, encontrei meu lugar na Igreja e esse lugar, ó meu Deus, fostes tu que mo deste. No coração da Igreja, minha Mãe, eu serei o Amor. Assim serei tudo... Assim se realizará meu sonho...

Então, no excesso de minha alegria delirante, exclamei: Ó Jesus, meu Amor... Minha vocação, enfim, a encontrei: minha vocação é o Amor.

92

Tu sabes que eu te amo

Jesus perguntou a Simão Pedro: "Simão, filho de João, tu me amas mais do que estes?" Pedro respondeu: "Sim, Senhor, tu sabes que te amo". Jesus lhe disse: "Cuida dos meus cordeiros". E disse-lhe, pela segunda vez: "Simão, filho de João, tu me amas?". Pedro respondeu: "Sim, Senhor, tu sabes que te amo". Jesus lhe disse: "Apascenta minhas ovelhas". Pela terceira vez, perguntou a Pedro: "Simão, filho de João, tu me amas?" Pedro ficou triste, porque lhe perguntou pela terceira vez se o amava. E respondeu: "Senhor, tu sabes tudo; tu sabes que te amo". Jesus disse-lhe: "Cuida das minhas ovelhas".

(Evangelho de João 21,15-17)

Jesus, sei que amor só com amor se paga. Por isso, procurei e encontrei um meio de consolar meu coração, retribuindo-te amor com amor.

Meu Bem-Amado, não tenho outro meio de te provar meu amor a não ser jogar flores, quer dizer, não deixar escapar nenhum pequeno sacrifício, nenhum olhar, nenhuma palavra, aproveitar todas as mínimas coisas e fazê-las por amor. E assim estarei lançando flores diante do teu trono. Depois cantarei ao jogar minhas flores. Cantarei ainda que tenha de colher minhas flores entre espinhos, e tanto mais melodioso será meu cantar, quanto mais longos e pungentes forem os espinhos.

93

Olhos e coração de águia

A cada um de nós foi dada a graça conforme a medida do dom de Cristo. Por isso, diz a Escritura: "Subindo às alturas, levou cativo o cativeiro e distribuiu dons aos seres humanos". Que significa "subiu", senão que ele desceu também às profundezas da terra? Aquele que desceu é o mesmo que subiu acima de todos os céus, a fim de encher o universo. A alguns ele concedeu serem apóstolos; a outros, profetas; a outros, evangelistas; a outros, pastores e mestres. Assim, ele capacitou os santos para a obra do ministério, para a edificação do Corpo de Cristo, até chegarmos, todos juntos, à unidade na fé e no conhecimento do Filho de Deus, ao estado de adultos, à estatura do Cristo em sua plenitude.

(Carta aos Efésios 4,7-13)

Como uma alma tão imperfeita como a minha pode aspirar a possuir a plenitude do Amor? Ó Jesus, meu primeiro, meu único Amigo, tu, a quem unicamente amo, dize-me que mistério é esse?... Por que não reservas essas imensas aspirações às grandes almas, às águias que planam nas alturas?... Eu me considero como um frágil passarinho coberto somente de uma leve plumagem. Águia, eu não sou, mas dela tenho simplesmente olhos e coração, pois, apesar da minha extrema pequenez, ouso fitar o Sol divino, o Sol do Amor, e meu coração sente nele todas as aspirações da Águia.

94

Novos céus e nova terra

Ora, uma coisa não podeis desconhecer, caríssimos: para o Senhor, um dia é como mil anos, e mil anos como um dia. O Senhor não tarda a cumprir sua promessa, como alguns interpretam a demora. É que ele está usando de paciência para convosco, pois não deseja que ninguém se perca. Ao contrário, quer que todos venham a converter-se. O dia do Senhor chegará como um ladrão, e então os céus acabarão com um estrondo espantoso; os elementos, devorados pelas chamas, se dissolverão, e a terra será consumida com todas as obras que nela se encontrarem. Se é deste modo que tudo vai desintegrar-se, qual não deve ser o vosso empenho numa vida santa e piedosa? O que esperamos, de acordo com a sua promessa, são novos céus e uma nova terra, nos quais habitará a justiça.

(2 Carta de Pedro 3,8-11.13)

O tempo nada conta aos vossos olhos. Um único dia é como se fossem mil anos (Sl 89,4). Podeis, portanto, preparar-me num instante para comparecer à vossa presença. Terminado o exílio da terra, espero ir gozar convosco na Pátria. Não quero juntar méritos para o Céu, quero trabalhar somente por vosso amor, com o único objetivo de vos agradar, de consolar vosso Coração Sagrado e de salvar almas que vos amarão eternamente.

No entardecer da vida, comparecerei diante de vós com mãos vazias, pois não vos peço, Senhor, que leveis em conta minhas obras.

95

Templo do Espírito Santo

Mas quem adere ao Senhor torna-se com ele um só espírito. Acaso ignorais que vosso corpo é templo do Espírito Santo que mora em vós e que recebestes de Deus? Ignorais que não pertenceis a vós mesmos? De fato, fostes comprados, e por preço muito alto! Então, glorificai a Deus no vosso corpo.

(1 Carta aos Coríntios 6,17.19-20)

Sinto em meu coração desejos imensos e é com confiança que vos peço que venhais tomar posse da minha alma. Senhor, não sois Todo-Poderoso? Ficai em mim, como no tabernáculo, não vos ausenteis jamais de vossa pequenina hóstia.

Quero, ó meu Bem-Amado, a cada batimento de meu coração renovar-vos esse oferecimento, um número infinito de vezes, até que, desfeitas as sombras, eu possa demonstrar-vos meu Amor num eterno face a face.

96

Vocação à santidade

Deus nos salvou e nos chamou com uma vocação santa, não em atenção às nossas obras, mas por causa do seu plano salvífico e da sua graça, que nos foi dada no Cristo Jesus antes de todos os tempos. Esta graça foi agora manifestada pela aparição de nosso Salvador, Cristo Jesus, o qual destruiu a morte e fez brilhar a vida e a imortalidade por meio do evangelho, do qual fui constituído pregador, apóstolo e mestre.

(2 Carta a Timóteo 1,9-11)

Ó meu Deus! Trindade Bem-Amada, desejo amar-vos e fazer que vos amem, trabalhar pela glorificação da santa Igreja salvando as almas que estão na terra e livrando aquelas que sofrem no purgatório. Desejo cumprir perfeitamente vossa vontade e chegar ao grau de glória que me preparastes em nosso Reino. Numa palavra, desejo ser santa, mas sinto a minha impotência e vos peço, ó meu Deus, sede vós mesmo a minha Santidade.

97

Predestinados à glória eterna

O Espírito vem em socorro de nossa fraqueza. Pois não sabemos o que pedir nem como pedir; é o próprio Espírito que intercede em nosso favor, com gemidos inefáveis. E aquele que examina os corações sabe qual é a intenção do Espírito, pois é de acordo com Deus que ele intercede em favor dos santos.

Sabemos que tudo contribui para o bem daqueles que amam a Deus, daqueles que são chamados segundo o seu desígnio. Pois aos que ele conheceu desde sempre, também os predestinou a se configurarem com a imagem de seu Filho, para que este seja o primogênito numa multidão de irmãos. E àqueles que predestinou, também os chamou, e aos que chamou, também os justificou, e aos que justificou, também os glorificou.

(Carta aos Romanos 8,26-30)

Em vez de me fazerem mal, de me levarem à vaidade, os dons que Deus me prodigalizou – sem que eu lhos tenha pedido – me levaram a ele. Vejo que só ele é imutável, que só ele pode satisfazer meus imensos desejos.

Como é misericordioso o caminho pelo qual Deus sempre me conduziu! Nunca ele me fez desejar uma coisa sem me dá-la, por isso, seu cálice amargo me parecia delicioso...

98

O verdadeiro culto

Eu vos exorto, irmãos, pela misericórdia de Deus, a oferecerdes vossos corpos em sacrifício vivo, santo e agradável a Deus: este é o vosso verdadeiro culto. Não vos conformeis com este mundo, mas transformai-vos, renovando vossa maneira de pensar e julgar, para que possais distinguir o que é da vontade de Deus, a saber, o que é bom, o que lhe agrada, o que é perfeito.

(Carta aos Romanos 12,1-2)

Há muito tempo não me pertenço mais, entreguei-me totalmente a Jesus. Portanto, ele está livre de fazer de mim o que lhe agradar. Deus incutiu-me a atração por um exílio completo, fez-me compreender todos os sofrimentos que aí encontrasse, perguntando-me se queria beber esse cálice até o fim. Imediatamente quis tomar esse cálice que Jesus me apresentava. Mas ele, retirando sua mão, fez-me entender que se dava por satisfeito com a aceitação.

99

Minha glória é a cruz

Não esmoreçamos na prática do bem, pois no devido tempo colheremos o fruto, se não desanimarmos. Portanto, enquanto temos tempo, façamos o bem a todos, principalmente aos da família da fé.

Quanto a mim, que eu me glorie somente da cruz do nosso Senhor, Jesus Cristo. Por ele, o mundo está crucificado para mim, como eu estou crucificado para o mundo. Ser ou não ser circuncidado não tem importância; o que conta é ser nova criatura. E para todos os que seguirem esta norma, como para o Israel de Deus: paz e misericórdia! Doravante, que ninguém me moleste, pois eu trago em meu corpo as marcas de Jesus.

(Carta aos Gálatas 6,9-10.14-17)

Agradeço-vos, ó meu Deus, todas as graças que me concedestes, de modo particular por me terdes feito passar pelo crisol do sofrimento. É com alegria que vos contemplarei no último dia levando o cetro da cruz, visto que vos dignastes dar-me em partilha essa cruz tão preciosa. Espero no céu assemelhar-me a vós e brilhar sobre o meu corpo glorificado os sagrados estigmas da vossa paixão (Gl 6,18; Jo 20,27).

100

Vida escondida em Deus

Se ressuscitastes com Cristo, buscai as coisas do alto, onde Cristo está entronizado à direita de Deus; cuidai das coisas do alto, não do que é da terra. Pois morrestes, e a vossa vida está escondida com Cristo em Deus. Quando Cristo, vossa vida, se manifestar, então vós também sereis manifestados com ele, cheios de glória.

Aí não se faz mais distinção entre grego e judeu, circunciso e incircunciso, bárbaro, cita, escravo, livre, porque agora o que conta é Cristo, que é tudo e está em todos.

(Carta aos Colossenses 3,1-4.11)

Desde a minha entrada na Arca Bendita [o Carmelo], sempre pensei que, se Jesus não me levasse bem depressa para o Céu, minha sorte seria a da pombinha de Noé (Gn 8,11-12). Um dia o Senhor me abriria a janela da Arca e me diria para voar bem longe, muito longe, em direção às regiões incrédulas, levando comigo o raminho de oliveira. Esse pensamento fez minha alma crescer, fez-me pairar mais alto que todo o criado. Quis então que minha alma habitasse nos Céus e que ela não olhasse senão de longe para as coisas da terra.

Cronologia da vida de Santa Teresinha

1873 Em 2 de janeiro, nasceu em Alençon (França) Maria Francisca Teresa Martin (Santa Teresinha), filha de Luís Martin e Zélia Guérin.

1877 Vítima de câncer, falece Zélia Guérin, mãe de Teresa, quando esta tinha apenas 4 anos de idade.

1888 No dia 9 de abril, Teresa ingressa no Carmelo de Lisieux.

1889 De 5 a 10 de janeiro, retiro e tomada de hábito. Em 10 de janeiro começa o noviciado que vai até setembro de 1890.

1890 Em 8 de setembro, faz a profissão religiosa e recebe o nome de Irmã Teresa de Jesus e da Sagrada Face.

1893 Madre Inês de Jesus, irmã de Teresa, torna-se priora do Carmelo de Lisieux.

1894 No final de dezembro, Irmã Teresa recebe da Madre Inês de Jesus, sua irmã e priora do Carmelo, a ordem de escrever suas reminiscências de infância, que, posteriormente, serão publicadas com o título *História de uma alma*.

1897 Em 30 de setembro, morre no Carmelo de Lisieux a Irmã Teresa de Jesus, vítima de tuberculose.

1898 O bispo de Bayeux permite a impressão de *História de uma alma*.

1923 Em 29 de abril, Irmã Teresa do Menino Jesus é beatificada por Pio XI.

1925 Em 17 de maio, Irmã Teresa do Menino Jesus é canonizada por Pio XI, na Basílica de São Pedro, em Roma.

1927 Pio XI proclama Santa Teresa padroeira principal das missões, ao lado de São Francisco Xavier.

1997 Teresa é proclamada doutora da Igreja pelo Papa João Paulo II.

Referências bibliográficas

TERESA DE LISIEUX. *História de uma alma*. Nova edição crítica de Conrad De Meester. 3. ed. São Paulo: Paulinas, 2010.

TERESA DE LISIEUX. *História de uma alma*. Manuscritos autobiográficos. 2. ed. Cotia (SP): Carmelo do Imaculado Coração de Maria e de Santa Teresinha de Cotia.

Sumário

Apresentação 5
1. História de uma alma 8
2. O Senhor fez em mim maravilhas 9
3. Agraciada 10
4. Gratuidade do chamado 11
5. Tome sua cruz e siga-me 12
6. Sensibilidade 13
7. Amor misericordioso 14
8. Um só corpo em Cristo 15
9. Plenamente realizados 16
10. O gosto pela leitura 17
11. Chamado à santidade 18
12. Sereis santos porque eu sou Santo 19
13. A glória deste mundo passa 20
14. Só o amor permanece 21
15. O Pão da vida 22
16. Pensar em Deus 23
17. Primeira Eucaristia 24
18. União de amor 25
19. Alegria plena 26
20. Eu venci o mundo 27
21. A vinda do Espírito Santo 28
22. Desafios do cotidiano 29
23. Manifestação de amor 30
24. Prova de amor 31
25. Vida eterna 32
26. Basta-te a minha graça 33
27. Adultos em Cristo 34
28. Cheia de graça 35
29. Tenho sede 36
30. Lanço-me para a frente 37
31. Núpcias 38
32. Surpresas de Deus 39

33. Revelaste aos pequeninos..40
34. Tempestade na alma..41
35. A criação espera ser redimida..42
36. Nada nos separará do amor de Deus......................................43
37. Colaboradores de Deus..44
38. Tudo é possível para quem crer...45
39. Mortificações..46
40. Seguimento de Jesus..47
41. Tudo faço pelo Evangelho 48
42. Para além de todo conhecimento..49
43. As escolhas de Deus 50
44. O Pai está comigo 51
45. Tudo é graça..52
46. Tua Palavra é meu alimento..53
47. Consagração religiosa 54
48. Morada de Deus...55
49. No amor não há medo 56
50. Mimos do meu Amado..57
51. Delicadezas de Jesus...58
52. Ele está no meio de nós 59
53. Quero misericórdia..60
54. Os caminhos de Deus..61
55. Tornar-se criança 62
56. Amor e ternura...63
57. Eu vos dei o exemplo 64
58. Meus amigos 65
59. Brilhe a vossa luz 66
60. Como eu vos amei 67
61. Deus é amor 68
62. Sem mim nada podeis fazer..69
63. Sede perfeitos no amor 70
64. O amor transforma..71
65. Caminhar com Jesus 72
66. Tesouro em vasos de barro..73
67. O artista e sua obra..74
68. Rezar com simplicidade..75

69. Pai-Nosso	76
70. O amor só faz o bem	77
71. Amor fraterno	78
72. Eu te glorifiquei na terra	79
73. Quero comigo os que me deste	80
74. Amor atrai amor	81
75. Amados de Deus	82
76. Pedi e recebereis	83
77. Cristo vive em mim	84
78. Uma só coisa é necessária	85
79. O poder da oração	86
80. Madalena	87
81. A ciência do amor	88
82. Deixai as crianças virem a mim	89
83. Dá-me de beber	90
84. Sinto muitas vocações	91
85. Paradoxo	92
86. Vocação missionária	93
87. Todos os martírios	94
88. Diversidade de dons	95
89. Busca e encontro	96
90. O coração da Igreja	97
91. Minha vocação é o amor	98
92. Tu sabes que eu te amo	99
93. Olhos e coração de águia	100
94. Novos céus e nova terra	101
95. Templo do Espírito Santo	102
96. Vocação à santidade	103
97. Predestinados à glória eterna	104
98. O verdadeiro culto	105
99. Minha glória é a cruz	106
100. Vida escondida em Deus	107
Cronologia da vida de Santa Teresinha	108
Referências bibliográficas	109